DEUTSCHLAND
MIT DEM ZUG ENTDECKEN

Korbinian Fleischer

DEUTSCHLAND
mit dem Zug entdecken

Auf 30 besonderen Routen
klimabewusst reisen

BRUCKMANN

Inhalt

Fantastische Landschaften

Historische Dampftechnik

Besonders unterwegs

19

Belebte Großstadt

Abseits der Verkehrsstraßen

29

Am Meer

29

Vorwort

Liebe Leserin, lieber Leser,

Ob mit der Dampflok über die Schwäbische Alb oder mit der Draisine durchs Glantal: Es gibt Tausend gute Gründe durch Deutschland zu reisen, wie die Burgen am Rhein oder die Sehenswürdigkeiten in Berlin, den Hamburger Hafen oder die Seepromenade in Konstanz. Kulturvielfalt, landschaftliche Idylle und erlebnisreiche Großstädte ziehen immer mehr Touristen an. Auch die erstklassige Infrastruktur in Form unserer Eisenbahnstrecken laden ein, in Deutschland auf Tour zu gehen. Die Tourismuswirtschaft bestätigt diesen Trend: Laut aktueller Statistiken gehört Deutschland auch bei Ausländern zu den Favoriten der Reisedestinationen und für Einheimische ist die Bundesrepublik sogar Reiseland Nummer eins – noch vor den klassischen europäischen Urlaubsländern wie Spanien, Italien und Griechenland. Besonders der Städtetourismus boomt und verzeichnet ständig wachsende Zahlen, nicht nur seit den Erkenntnissen des Klimawandels. Diese Entwicklung ist eng mit dem breiten Angebot auf der Schiene verknüpft, das dafür sorgt, dass Sie überall und unbegrenzt mobil sein können. Schließlich gibt es keine bedeutende Region, die nicht mit der Bahn erreichbar ist. Dazu kommt: Schon die Fahrt auf der Schiene ist ein Erlebnis.

Auch wenn die Bahn in Deutschland immer wieder in der Kritik steht – mit dem Zug unterwegs zu sein ist immer eine Bereicherung, denn man trifft viele Gleichgesinnte oder kann das

▲ Die Ostertalbahn verkehrt zwischen Ottweiler (Saar) und Schwarzerden.

Bord-Restaurant im IC oder ICE aufsuchen. Größtenteils unbekannt ist, dass die Bahn eine Beförderungspflicht hat und Sie nie »auf der Strecke bleiben«. Die warme Decke für die Nacht auf der Autobahn können Sie getrost vergessen. Sollten Sie wider Erwarten Ihr Ziel nicht erreichen, sorgt die Bahn für eine kostenfreie Übernachtung in einem Hotel.

In diesem Band stellen wir Ihnen 30 attraktive Bahnstrecken vor, die auf jeden Fall eine Reise wert sind. Wenn Sie mit der Bahn unterwegs sind, können Sie Deutschland aus einem neuen Blickwinkel betrachten und das Land der Dichter und Denker ganz entspannt von seiner schönsten Seite erleben. Staus, Parkplatzsorgen und die immer steigenden Benzinkosten sind passé, denn mit der Bahn reisen Sie bequem, umweltfreundlich und preisgünstig durchs Land. Außerdem bietet die Bahn zahlreiche Extras wie beispielsweise Kombi-Tickets, bei denen die Fahrkarte gleichzeitig als Eintrittskarte für kulturelle Einrichtungen wie zum Beispiel Museen gilt.

Für dieses Buch haben wir unterschiedliche Bahntouren zusammengestellt, die sich geografisch über ganz Deutschland verteilen. Es gibt kurze Halbtagestouren, aber auch Fahrtvorschläge, die auf mehrere Tage ausgedehnt werden können. Sowohl Kinder als auch Erwachsene kommen dabei auf ihre Kosten. Viel Spaß auf der Deutschlandreise mit Dampfzug, ICE und Draisine wünscht Ihnen *Korbinian Fleischer*

Idyllischer Sonnenuntergang über der Elbe an der Bastei in der Sächsischen Schweiz

Fantastische Landschaften

1 Mitten durchs größte Mittelgebirge Deutschlands

Von Karlsruhe durch den Schwarzwald an den Bodensee

Die Badische Schwarzwaldbahn verbindet Offenburg und die Rheinebene mit Konstanz am Bodensee durch eine atemberaubend schöne und abwechslungsreiche Strecke mitten durch den Schwarzwald.

Das Königreich Württemberg und das Großherzogtum Baden waren vor nicht allzu langer Zeit zwei selbstständige Staaten. Die Grenze zwischen beiden verläuft mitten durch den Schwarzwald und hatte bedeutenden Einfluss auf die Linienführung der Badischen Schwarzwaldbahn. Badische Schwarzwaldbahn deshalb, weil es auch eine Württembergische Schwarzwaldbahn gibt. Die Württembergische Schwarzwaldbahn verläuft von Weil der Stadt nach Calw und wird gerade unter dem Namen »Hermann-Hesse-Bahn« reaktiviert. Wir aber bleiben bei der Badischen Schwarzwaldbahn, der schönsten Mittelgebirgsstrecke Deutschlands. Sie weist eine Vielzahl weiterer Besonderheiten auf. Im Großherzogtum Baden wird der Begriff »Schwarzwaldbahn« schon früh, bereits seit 1838, gehandelt. In jenem Jahr hatten sich beide Kammern der Regierung in Karlsruhe auf den Bau einer Eisenbahn von Mannheim über Heidelberg, Karlsruhe, Offenburg und Freiburg bis zur Schweizer Grenze geeinigt.

Unterschiedliche Pläne

Einigkeit herrschte über die Endpunkte der Strecke, Offenburg und Singen. Auch die grobe Richtung war damit gegeben, aber für die eigentliche Mittelgebirgsquerung zwischen Haslach und Donaueschingen gab es sehr unterschiedliche Planungsansätze. Den

◀ Ein Dieseltriebwagen vom Ringzug wartet auf Fahrgäste im Bahnhof Villingen.

▶ Laut rauschend stürzt der Triberger Wasserfall im Schwarzwald die Felsen hinab.

Sehenswertes

1. Karlsruher Schloss

Das dreiflügelige Schloss bildet den Mittelpunkt der Stadt Karlsruhe und wurde 1752 bis 1755 erbaut. Im Schlossgarten im französischen Barockstil sind viele seltene Bäume sowie Plastiken, Denkmäler und Brunnen aus verschiedenen Epochen zu sehen. www.karlsruhe-erleben.de

2. Trinkhalle, Baden-Baden

Mit ihrer markanten Größe und dem 90 Meter langen offenen Wandelgang begrüßt die Trinkhalle jeden Besucher schon bei der Anreise. Leicht erhöht und zur Seite des Kurhauses gelegen, erinnert ihr majestätisches Erscheinungsbild mit den 16 Säulen an die römische Geschichte Baden-Badens. www.baden-baden.com

3. Weissgerber Walk, Biberach

Die Hammerwalk stammt aus dem 17. Jahrhundert und ist die letzte Altsämisch-Gerberei Deutschlands. www.tourismus.biberach-riss.de

4. Münsterplatz, Villingen

Auf dem Platz mit dem Münsterbrunnen, welcher acht bedeutungsvolle Epochen der Stadt darstellt, befindet sich die Kirche »Münster Unserer Lieben Frau«. Sehenswert sind die von Klaus Ringwald geschaffenen Eingangstüren aus Bronze sowie das Glockenspiel. www.villingen-schwenningen.de

5. Imperia-Statue, Konstanz

An der Hafeneinfahrt in Konstanz befindet sich das Wahrzeichen und beliebte Fotomotiv der Stadt: Die Statue einer Kurtisane, die Papst und Kaiser in ihren Händen hält. www.bodensee.de

bis heute bestehenden Verlauf der Schwarzwaldbahn zwischen Offenburg und Singen haben wir auch der Kleinstaaterei, wie sie im 19. Jahrhundert herrschte, zu verdanken. Eine sehr viel einfachere Streckenführung über den Schwarzwald hätte den Weg von Offenburg entlang der Kinzig bis Schiltach genommen, um dann über Schramberg in Richtung Süden zu schwenken. Aber dazu wäre ein mehrfacher Grenzübergang zwischen dem Großherzogtum Baden und dem Königreich Württemberg erforderlich gewesen.

▲ Vom Hornberger Schloss hat man eine tolle Aussicht ins Gutachtal.

▶ Im Winter ist eine Fahrt mit der Schwarzwaldbahn besonders schön.

Ausgangspunkt Karlsruhe

Unter »Schwarzwaldbahn« verstand man ursprünglich nur die Strecke Offenburg – Hausach – Triberg – Singen. Der Abschnitt Singen – Radolfzell – Konstanz ist eigentlich Teil der Badischen Hauptbahn, wird aber heute auch als Schwarzwaldbahn vermarktet. In der folgenden Streckenbeschreibung wird über den Abschnitt Offenburg – Konstanz berichtet. Die Züge der Schwarzwaldbahn beginnen heute jedoch schon in der Residenzstadt Karlsruhe. In schneller Fahrt geht es zunächst durch die schmucklose Rheinebene. Lärmschutzwände sorgen dafür, dass die Reisenden selbst aus dem Obergeschoss der Doppelstockwagen keine Aussicht haben. Erst ab Offenburg, wenn sich die Rheinschiene mit ihrem dichten Personen- und Güterverkehr von den Gleisen der Schwarzwaldbahn entfernt, wird die Fahrt attraktiver. Offenburg wird in Richtung Osten verlassen. Die Fahrt führt entlang der Kinzig. Die Trasse steigt gemächlich bis Hausach von 159 auf 241 Meter an. Im Bahnhof Biberach (Baden) mündet eine Zweigstrecke aus dem beschaulichen Harmersbachtal in die Schwarzwaldbahn. Im östlichen Bahnhofskopf vom nächsten Halt, Hausach, zweigt die obere Kinzigtalbahn nach Freudenstadt ab. Die Schwarzwaldbahn schwenkt nun nach Süden aus. Die Fahrt geht vorbei an herrlichen Bauernhöfen, darunter auch die historischen Gebäude und Gärten des Freilichtmuseums »Vogtbauernhöfe« unmittelbar neben der Bahnstrecke mit eigenem Haltepunkt. Gleich hinter dem ehemaligen Bahnhof Gutach beginnt die 1:50-Rampe und damit die eigentliche Gebirgsstrecke. Schon, als die Römer ihre Truppen- und Materialtransporte durch den Schwarzwald planten, gab es einen Weg von Hausach über Hornberg, Nußbach und hinauf über die Sommerauer Höhe nach St. Georgen und Villingen. Wie sollte es gelingen, mit einer Eisenbahn 600 Meter Höhenunterschied auf etwa 15 Kilometern Luftlinienentfernung zu überwinden? Wer an einem der bekannten Aussichtspunkte für Wanderer versucht, sich einen Überblick zu verschaffen, der bekommt eine Vorstellung von der Genialität des Mannes, der eine Trassierung für die Bahn gefunden hat: Robert Gerwig. Nun beginnt der spannendste Abschnitt der Schwarzwaldbahn. Am rechtsseitigen Hang des Gutachtals gewinnt die Bahnstrecke wichtige Höhenmeter. Ihre Trassierung schmiegt sich geschickt an den Berg, ohne Kunstbauten, immer gerade so viele Höhenlinien schneidend, dass die Steigung konstant bleibt. Ein kurzer Tunnel wird unmittelbar vor Hornberg benötigt. Kaum ist er durchfahren, überquert der Zug die einzige

Die Fahrt geht vorbei an herrlichen Bauernhöfen und dem Freilichtmuseum.

große Brücke der Bergstrecke, das Reichenbachviadukt. Von hier hat man eine gute Sicht auf das Hornberger Schloss. Man sieht aber auch hinab über die Dächer der Stadt, deren Zentrum 50 Meter unter dem Niveau des Bahnhofs liegt. Auch auf den folgenden

Von hier hat man eine gute Sicht auf das Hornberger Schloss.

viereinhalb Kilometern klettert die Trasse mit konstanter Steigung am Hang entlang. Nun folgt mit dem ersten Glasträger-Tunnel der Reigen der Kehrschleifen und der 36 Tunneldurchfahrten in dichter Folge. Hinter dem zweiten Glasträger-Tunnel wird die Bundesstraße 33 und die Gutach überquert und gleich darauf der kurze dritte Glasträger-Tunnel passiert. Der nun folgende Niederwasser-Kehrtunnel verläuft auf der ganzen Länge von 558 Metern im Rechtsbogen. Der Tunnel beim vierten Bauer ist 314 Meter lang. Nun folgt der Hohenacker-Tunnel. Durch dichten Tannenwald und den Tunnel beim dritten Bauer beginnt mit dem Letschenberg- und dem Röllerwald-Tunnel wiederum eine Richtungsänderung um 180 Grad. Der 792 Meter lange Eisenberg-Tunnel weist bereits wieder in Südrichtung. Nach 40 Sekunden Tunnelfahrt ist links ein schön renoviertes Bahnwärterhaus zu sehen. Hinter dem folgenden Spärle-Tunnel liegt der aufgelassene Bahnhof Niederwasser. Das inzwischen privat genutzte Empfangsgebäude steht nur wenige Meter vom Portal des Obergieß-Tunnels entfernt. Zwischen Spärle- und Ober-

▼ Das Villinger Münster Unserer Lieben Frau wurde während der Gotik errichtet.

► Moderne klimatisierte Doppelstockwagen sorgen für eine angenehme Reise auch im Sommer.

gieß-Tunnel fährt der Zug über einen der wenigen aufgeschütteten Dämme. Er ist mit großen Natursteinen gesichert und vollkommen überwuchert. Wie beim Obergieß gibt das Hippensbachtal dem folgenden Tunnel seinen Namen. Zwischen beiden Tunneln öffnet sich auch für kurze Zeit der Blick nach Süden. Im offenen Tal liegt, in Fahrtrichtung rechts, malerisch der Unterhippensbachhof mit seiner Kapelle. Unmittelbar vor dem Hippensbach-Tunnel wird eine schmale Straße an einem Bahnübergang gekreuzt. Rechts am Hang steht ein schmuckes Bahnwärterhaus. Nach der Durchfahrung dieses und des unmittelbar anschließenden Kurzenbergs-Tunnels ist die Niederwasser-Doppelschleife beendet. Die Bahnstrecke folgt nun wieder dem Verlauf der tief unten im Tal entgegenfließenden und laut plätschernden Gutach. Wie schon am Schlossberg ist die Trasse an den felsigen Abhang angelehnt worden. Mit nur leicht schlängelnder Linienführung strebt die Strecke in Richtung Süden dem Bahnhof Triberg zu. Dem kurzen Mühlhalde-Tunnel folgt der Losbach-Tunnel. Wenig später passiert der Zug den Forellen-Tunnel. Unmittelbar vor der Einfahrt in den Großhalde-Tunnel und den Bahnhof Triberg, öffnet sich das Tal wieder für einen kurzen Augenblick. In der Talsohle ist die weltgrößte Kuckucksuhr zu erkennen. Die vorausschauende Planung der Lage des Bahnhofs Triberg erforderte starke Eingriffe in die westlichen Felsstrukturen. Die Sicherung der imposanten Felswand über den Gleisen hat allerdings auch immense Folgekosten verursacht.

Tunnelreiche Streckenführung

Von der ursprünglichen Gleisanlage mit Lade-, Güterschuppen und Rampengleisen sind nur noch drei Gleise erhalten geblieben. Unmittelbar nach dem Bahnhof verschwindet der Zug im Kleinen Triberger Tunnel. Bereits die Ausfahrt aus dem Bahnhof Triberg erfolgt im Linksbogen. Dieser leitet die nächste große Kehrschleife der Schwarzwaldbahn ein. Zwischen dem Kleinen und dem Großen Triberger Tunnel werden der Nußbach und die B 33 überquert. Die Einfahrt in den Großen Triberger Tunnel erfolgt im Linksbogen,

▲ Eine Dampflok aus der DDR erinnert als Denkmal am Bahnhof Triberg an alte Zeiten.

▶ Wer traut sich? Ein Holzsteg führt über diesen wilden Wasserfall.

der nach etwa 500 Metern, innerhalb des Tunnels, in einen Rechtsbogen übergeht. Nun, in nördlicher Richtung fahrend, verlässt der Zug den 835 Meter langen und S-förmigen Kehrtunnel. Für knapp zwei Kilometer steigen die Gleise am rechtsseitigen Steilhang des tief eingeschnittenen Tals hinauf. Am gegenüberliegenden Hang ist deutlich der zuvor befahrene Streckenabschnitt zwischen dem Forellen- und dem Großhalde-Tunnel, sowie eine Betonstützmauer zu erkennen. Und schon wird es wieder dunkel, der Zug durchfährt den Gummambs-Tunnel. Am nördlichen Portal ist für wenige Augenblicke rechts ein Gehöft zu sehen. Der Sitzplatz in Fahrtrichtung links ermöglicht mehrfach kurzzeitig einen Blick auf die linksseitig der Gutach verlaufende Strecke mit Mühlhalde- und Losbach-Tunnel. Auf den kurzen ersten Seelenwald-Tunnel folgt gleich der zweite, an dem die Rechtskurve zum Einschwenken in das Gremmelsbachtal beginnt. Die Gleistrasse ist in diesem Bereich nur auf der Schiene zu erreichen. Tief unten im Tal stehen einige Häuser von Gremmelsbach. Hinter dem dritten Seelenwald-Tunnel liegt in einer Geraden die Überleitstelle Seelenwald. Dort können die Züge bei Bedarf auf das andere Streckengleis wechseln. Der Fahrgast spürt dies beim Überfahren der Weichen. In einer Rechtskurve löst sich die Schwarzwaldbahn 700 Meter vom Tal und verschwindet in den mit 912 Metern zweitlängsten Tunnel der Strecke unter dem Seelenwald. Während der Fahrt durch den Gremmelsbach-Tunnel ist es Zeit den Sitzplatz auf die rechte Seite des Zuges zu verlegen. Kaum haben sich die Augen nach der Tunnelfahrt an das Tageslicht gewöhnt, öffnet sich kurz der Blick ins Gutachtal, so wie ihn auch die

Wanderer auf dem bekannten Dreibahnenblick genießen können. Dieser ist als Aussichtsplattform über dem Gaisloch-Tunnel eingerichtet, der als nächster durchfahren wird. Rechts kann kurz vor dem Hohnen-Tunnel ein Blick in einen steilen Einschnitt riskiert werden, wobei im laublosen Halbjahr die untere Strecke beim Ausgang des Großen Triberger Tunnels gefunden werden kann. Mit dem Tunnel unter dem Hohnen hindurch wird das Gutachtal verlassen. In Fahrtrichtung links öffnen sich große Freiflächen mit einigen stattlichen Bauernhöfen und einer kleinen Kapelle. Rechts kann steil hinunter in das Nußbachtal geschaut werden. Aber auch darüber hinaus eröffnet sich eine herrliche Aussicht hinüber zum Triberger Kapellenberg. Am südlichen Ausgang des Tannenwald-Tunnels beginnt eine langgestreckte Linkskurve. Auch hier kreuzt die schmale Zufahrt zu einem hoch am Hang liegenden kleinen Gehöft den Streckenabschnitt zwischen den Tunnelportalen. Wie schon beim Farrenhalde-Tunnel steht auch hier noch die kleine Schutzhütte des Bahnwärters neben den Schranken. Hinter dem Tannenbühl-Tunnel nähert sich die Strecke bis auf wenige Meter der Bundesstraße.

Letzter Abschnitt im Schwarzwald

Plötzlich weitet sich der Ausblick und es sind die teilweise unbewaldeten Hochflächen bei Sommerau zu sehen. In einer Rechtskurve wendet sich der Zug dem Sommerau-Tunnel zu. Mit 1698 Metern ist er bei Weitem der längste Tunnel der Schwarzwaldbahn. Vom Scheitelpunkt der Schwarzwaldbahn auf 832 Meter über NN, im ehemaligen Bahnhof Som-

merau gelegen, führt sie hinunter an den »See«, wie die Schwarzwälder den Bodensee abkürzend nennen. In diesem wird die Wasserscheide zwischen Rhein und Donau unter-

Plötzlich sind die teilweise bewaldeten Hochflächen bei Sommerau zu sehen.

fahren. Auch landschaftlich beginnt mit dem Abstieg ganz allmählich der Übergang vom Schwarzwald in die Baar. Nur wenige Kilometer vom Scheitelpunkt entfernt wird in St. Georgen das Brigachtal erreicht. Villingen (Schwarzwald) ist der zentrale Bahnhof der Schwarzwaldbahn.

Hier zweigt die Strecke Rottweil – Schwenningen – Villingen ab, die direkte Verbindung ins Neckartal. Ab Donaueschingen wird die mäandrierende junge Donau bis Immendingen begleitet, wo die Bahn durch das schöne Donautal über Tuttlingen, Sigmaringen nach Ulm abzweigt. Nun folgt der Ausstieg aus dem Donautal hinauf nach Hattingen, dessen Bahn-Halt allerdings schon viele Jahre eingespart wird. In Hattingen erfolgt die Vereinigung mit der Gäubahn aus Stuttgart, die dort auf einer erst in den 1930er-Jahren errichteten Strecke den Bahnhof erreicht. Dampflokomotiven nutzen heute gerne das »Gleisdreieck« zum Drehen der Lok, denn die

▼ Die Donaubachquelle in Donaueschingen gilt seit dem 15. Jahrhundert als die symbolische Quelle der Donau.

▶ Das größte Viadukt der Schwarzwaldbahn in Hornberg

Drehscheibe im ehemaligen Bahnbetriebswerk Tuttlingen ist zwar funktionsfähig, aber nicht ans Streckennetz der DB AG angeschlossen. Hinter dem Bahnhof Hattingen wird in zwei Tunneln und mehreren Einschnitten ein Ausläufer der Schwäbischen Alb durchstoßen.

Ankunft am See

Es folgt der Bahnhof Engen. Ab dort gibt es wieder deutlich mehr Verkehr auf der Strecke. Die Züge der Schweizer Bundesbahnen bedienen ab dort den Streckenabschnitt bis nach Konstanz und weiter mit modernen Elektrotriebwagen. Engen besitzt eine interessante Altstadt. Vom Zug aus sieht man die mittelalterliche Stadtmauer in die eine mit einer Reihe schmaler Häuser integriert ist.
Nun ändert sich das Landschaftsbild. Die ehemaligen Vulkane des Hegaus sind von nun an prägend. Der bekannteste ist der Hohentwiel mit einer Festung direkt am Haltepunkt Singen-Landesgartenschau. Von dort lässt sich die Festung zu Fuß gut erreichen. Der Weg ist allerdings sehr steil. In Singen zweigt die Bahnlinie in Richtung Schaffhausen/Basel nach südwestlich ab.
Die IC-Züge, der mit der Schwarzwaldbahn vereinigten Gäubahn, machen hier Kopf, was bedeutet, dass sie die Fahrtrichtung ändern und in Richtung Schaffhausen und Zürich weiterfahren. Gegenüber dem Bahnhof Singen, nicht zu übersehen, steht das große Gebäude der Firma Maggi. Ein kleines Museum dort kann nach Voranmeldung auch besichtigt werden.
Die Schwarzwaldbahngleise führen nun weiter in Richtung Bodensee und Radolfzell, das in wenigen Minuten erreicht wird. Der Untersee, ein Teil des Bodensees, ist in Radolfzell

zum Greifen nah. Ideal für Reisende mit Kindern, denn ein Tretbootverleih befindet sich fast direkt am Bahnsteig.
Die RE-Züge der Schwarzwaldbahn fahren weiter nach Konstanz. Auch vom Bahnsteig dort sind es nur noch wenige Schritte zum Hafen am Bodensee, der in anderen Sprachen Constance Lake oder Lac de Constance heißt. Teile des Bahnhofs liegen bereits in Kreuzlingen und damit in der Schweiz. Die früher dort üblichen Grenzzäune sind allerdings größtenteils verschwunden und fanden nur zu Corona-Zeiten wieder temporär zurück.

Kleine Geschichte der Bahn

Der Bau der Schwarzwaldbahn begann 1865, 30 Jahre nach der Eröffnung der ersten Eisenbahn in Deutschland. Bereits 1866 konnten die beiden Abschnitte Offenburg – Hausach und Engen – Singen eröffnet werden. Der deutsch-französische Krieg 1870/71 verzögerte den Bau der Gebirgsbahn deutlich. Doch bereits 1873 konnte die Strecke, zunächst eingleisig, eröffnet werden. Es sollte bis 1921 dauern, bis das zweite Gleis durchgehend in Betrieb genommen werden konnte.
Bis 1962 waren auf der Schwarzwaldbahn Dampfloklokomotiven im Einsatz. Zuletzt die preußische P10, die Baureihe 39, die dann durch Dieselloks abgelöst wurde. Doch die V200 waren für die Schwarzwaldüberquerung alles andere als optimal, so dass die Strecke in den 1970er-Jahren elektrifiziert wurde. Dazu mussten die Tunnelböden abgesenkt werden, um die Oberleitung einzubauen. Die Blütezeit der Schwarzwaldbahn waren die 1990er-Jahre mit der

▲ Kurz vor Gengenbach folgt die Bahnlinie der begradigten Kinzig bis Offenburg.

► Die »Tunnelfahrten« der Eisenbahnfreunde Zollernbahn sind immer ein Erlebnis.

Anbindung an Deutschland mit dem Inter-Regio, der ab 1999 in Etappen abgeschafft wurde.

Sehenswertes entlang der Strecke

Schwarzwaldbahn-Erlebnisbahn Der Schwarzwaldbahn-Erlebnispfad führt die Wanderer und Fans der Eisenbahn in die Geschichte des Baus und in den laufenden Betrieb der Schwarzwaldbahn zwischen Hornberg, Triberg und St. Georgen ein. Die Besucher erleben auf einer reizvollen Panoramastrecke die ereignisreiche und spannende Geschichte der Schwarzwaldbahn mit ihren zahlreichen Tunnels und Kehrschleifen, die anhand anschaulicher Beispiele erzählt und lebendig veranschaulicht wird. Der Erlebnis-Pfad teilt sich in zwei Touren, die auch miteinander verbunden werden können. Zielbahnhof der Ausflüge ist Triberg mit einem Dampflok-Denkmal auf dem Bahnhofsvorplatz. Entlang des Weges gibt es 16 Verweilstationen, ausgestattet mit originalem Bahnmaterial, die sich mit dem Bau und der Technik der Schwarzwaldbahn beschäftigen. www.schwarzwaldbahn-erlebnispfad.de

Der Erlebnis-Pfad teilt sich in zwei Touren, die auch verbunden werden können.

Vogtsbauernhöfe Gutach Die Vogtsbauernhöfe gehören zu den sieben Freilichtmuseen in Baden-Württemberg. Dort werden Schwarzwälder Bauernhöfe des 16. bis 18. Jahrhunderts mit Nebengebäuden wie Speicher, Back- und Brennhäusle, Hausmahlmühle und Sägemühle gezeigt. Die Gebäude können größtenteils begangen werden, in den Häusern gibt es schwarze Rauchküchen, eingerichtete Bauernstuben und Schlafkammern mit bemalten Möbeln, Schilderuhren und Kachelöfen, sowie die beeindruckenden Dachstühle der großen Höfe, die als Heu-Lager dienten. Dem Besucher eröffnet sich ein faszinierender Einblick in bäuerliches Wohnen und Leben, in ländliche Kultur und Technik des Schwarzwaldes. Es werden täglich wechselnd verschiedenste traditionelle Handwerke vorgeführt. Auch Museumsführungen oder Führungen zu bestimmten Themen werden angeboten. Für Kinder gibt es außerdem einen Erlebnisspielplatz und diverse wechselnde Angebote zum Mitmachen. Zielbahnhof ist der Haltepunkt Gutach-Vogtsbauernhöfe. Tel. 07831 – 935 60, www.vogtsbauernhof.de

Burgfestung Hohentwiel Mitten im Hegau, einer von alten erloschenen Vulkanen geprägten Landschaft, liegt auf einem markanten Berggipfel über Singen die beeindruckende Festungsruine Hohentwiel. Mit ihren neun Hektar gilt sie als eine der größten Festungsruinen Deutschlands. Und wer einmal bei einem Ausflug an einem schönen Tag den imposanten Blick bis zum Bodensee genossen hat, wird bestätigen: Das ist die schönste Aussicht Baden-Württembergs! Zielbahnhof ist der Haltepunkt Singen-Landesgarten-

▼ Die Festungsruine Hohentwiel steht auf dem gleichnamigen Berg von 429 m Höhe.

▶ Auf der Fahrt wird das romantische Städtchen Engen passiert.

schau. Aber auch von Bahnhof Singen ist die Burgruine erreichbar. Festungsruine Hohentwiel, Auf dem Hohentwiel 2a, 78224 Singen, Tel. 07731 – 691 78, www.festungsruine-hohentwiel.de

STRECKENVERLAUF

Karlsruhe – Baden-Baden – Achern – Offenburg – Biberach – Hausach – Gutach-Freilichtmuseum – Hornberg – Triberg – St. Georgen – Villingen – Donaueschingen – Immendingen – Engen – Singen-Radolfzell – Konstanz

TIPPS & INFOS

MITFAHREN Die Schwarzwaldbahn wird stündlich mit einem Regional-Express-Zug bedient. Dieser verkehrt von Karlsruhe über Offenburg bis Konstanz. Zusätzlich fahren auf dem Abschnitt Offenburg – Hausach – Hornberg auch noch die Dieseltriebwagen der Ortenau-S-Bahn. Zwischen Engen und Konstanz verkehrt das Seehäsle, eine Art S-Bahn, die von den Schweizer Bundesbahnen betrieben wird. Zwischen Donaueschingen und Villingen trifft man zusätzlich auf die Ringzug-Züge. Für Fernverkehrsreisende gibt es auch noch eine IC-Verbindung durch den Schwarzwald.

TICKETS Wer mit dem Zug von Karlsruhe/Offenburg nach Konstanz fahren möchte kann sich dem gesamten Fahrkartenangebot der Deutschen Bahn AG bedienen. Unter www.bahn.de, im Reisezentrum oder am Automaten sind Fahrscheine erhältlich. Mit Nahverkehrszügen und dem Baden-Württemberg-Ticket ist man mobil und ohne Zugbindung unterwegs. Das Ba-Wü-Ticket ist Sa/So ganztägig gültig, Mo – Fr jedoch erst ab 9 Uhr.

ANREISE Als Startbahnhöfe für die insgesamt 149 Kilometer lange Tour eignen sich nicht nur Offenburg/Karlsruhe und Konstanz, sondern auch alle Knotenbahnhöfe dazwischen: Hausach, Villingen, Singen und Radolfzell.

AUF EINEN BLICK

Eröffnung 1863 und 1873
Fahrzeit 88 Minuten
Streckenlänge 149 Kilometer
Tunnelanzahl 39
Höhenunterschied 650 Höhenmeter
Zug Doppelstockzug mit Elektrolok

2 Links und rechts von Vater Rhein

Auf zwei Bahnlinien durch das Mittelrheintal

Beiderseits des Rheins verlaufen im Mittelrheintal Bahnlinien. Wir fahren von Wiesbaden rechtsrheinisch flussabwärts und linksrheinisch zurück zum Ausgangspunkt. Nur eine Schifffahrt auf dem Rhein bietet ähnliche Ausblicke!

Wiesbaden ist die Landeshauptstadt von Hessen. Der dazugehörende Hauptbahnhof ist jedoch längst nicht der wichtigste Bahnhof des Bundeslandes. Seit vielen Jahrzehnten wurde er vom Bahnhof Frankfurt am Main quasi abgehängt. Der gesamte Nord-Süd-Fernverkehr sowie auch Züge von Ost nach West haben einen Halt in Frankfurt. Und in Wiesbaden? Die große Bahnhofshalle wird zwar auch von einzelnen ICE-Zügen angefahren, dient aber hauptsächlich dem Regional- und S-Bahn-Verkehr.

Für die Bahnfahrt durch das UNESCO-Welterbe Oberes Mittelrheintal ist Wiesbaden als Ausgangspunkt ideal. Wiesbaden liegt zwar nicht direkt am Rhein, aber dort starten die Regionalzüge der rechten Rheinschiene. Das eigentliche UNESCO-Welterbegebiet beginnt streng genommen erst nach dem Bahnhof Rüdesheim und entspricht dem Tal des Rheins, der sich in diesem Abschnitt durch das Rheinische Schiefergebirge gefressen hat.

Der Rhein als Verbindungsstück

Die Einzigartigkeit dieser Kulturlandschaft ist auch dem außergewöhnlichen Reichtum an kulturellen Zeugnissen zu verdanken. Neben der einzigartigen Landschaft haben auch die Menschen das Tal über Jahrhunderte geprägt. Im Herzen Europas gelegen, gehört das Mittelrheintal zu den wichtigsten Ver-

◀ Obwohl die Rheintalbahn immer dem Fluss folgt, gibt es viele Tunnelabschnitte.

▶ Ansicht von Mainz mit dem markanten Mainzer Dom

Links und rechts von Vater Rhein

Burgen des UNESCO-Welterbes Oberes Mittelrheintal

1. Romantik-Schloss Burg Rheinstein

Die Spornburg steht linksrheinisch auf einem 90 Meter hohen Felssporn am östlichen Abhang des Binger Walds. www.burg-rheinstein.de

2. Heimburg (Hohneck)

Die Höhenburg steht auf einem Felsvorsprung am nordöstlichen Steilhang des Binger Walds oberhalb von Niederheimbach. Die mittelalterliche Burg gilt als Beispiel des historistischen Wiederaufbaus einer Burgruine, die durch die Rheinromantik ausgelöst wurde. www.romantischer-rhein.de

3. Burg Pfalzgrafenstein

Die auf einer Felseninsel im Rhein bei Kaub errichtete Zollburg geht auf Ludwig den Bayern zurück. Ihre Aufgabe war es, die Einnahme des Schiffszolls in der rechts-rheinisch gegenüber gelegenen Zahlstelle in Kaub zu überwachen. www.tor-zum-welterbe.de

4. Burg Gutenfels am Rhein

Die Burg Gutenfels thront auf einem Felssporn 200 Meter über der Stadt Kaub. Sie ist ein selten gut erhaltenes Beispiel des staufischen Burgenbaus. www.rheingau.de

5. Burg Maus

Die Burg Maus ist eine aus der zweiten Hälfte des 14. Jahrhunderts stammende kurtrierische Höhenburg bei Sankt Goarshausen. www.burg-maus.de

6. Burg Sterrenberg

Die Burg Sterrenberg bei Kamp-Bornhofen gilt als die älteste erhaltene Burganlage im Mittelrheintal. Sie bildet zusammen mit der benachbarten Burg Liebenstein die so genannten »feindlichen Brüder«. www.burg-sterrenberg.com

kehrswegen und ist damit ein Bindeglied zwischen der Mittelmeerregion und dem Norden Europas. Längst aber wurde viel Verkehr aus dem Rheintal verlagert: Die Autobahnen haben den Individualverkehr aufgenommen und damit das Rheintal entlastet. Die Bahn fährt mit den schnellen ICE-Zügen über die Neubaustrecke Köln – Frankfurt ebenfalls am Rheintal vorbei.

Romantisches Oberrheintal

Einzig die Binnenschifffahrt und der laute Güterverkehr auf der Schiene blieben erhalten. Letzterer aber auch nur, weil die Politik eine Neubaustrecke der Bahn nur für den ICE-Verkehr ermöglichte. Volkswirtschaftlich ist das natürlich schwachsinnig, aber ganz typisch für die deutsche Verkehrs- und Bahnpolitik. So gibt es nun Stimmen, die eine zweite Neubaustrecke für den Güterverkehr fordern, die aufgrund der dichten Zugfolge auch eine Entlastung wäre. Das obere Rheintal gilt, mit seinen hochrangigen Baudenkmälern, den rebenbesetzten Hängen, seinen auf schmalen Uferleisten zusammengedrängten Siedlungen und den auf Felsenvorsprünge aufgereihten Höhenburgen, als Inbegriff der Rheinromantik. Fahren wir also rechtsrheinisch von Wiesbaden nach Koblenz. Zunächst wird das lang gezogene Gleisvorfeld durchfahren. Erst nach der Unterquerung der Autobahn A 66 schwenken die Gleise in Richtung Nordwesten ab. Als erster Haltepunkt folgt Wiesbaden-Biebrich. Erst nach dem Bahnhof Schierstein verlässt die Bahn die industriell dicht besiedelte Landschaft und verläuft durch Felder bis Niederwallruf. Der Rhein verläuft in Fahrtrichtung links neben

▲ Die Rheinschifffahrt wird von der »KD« dominiert. Auch historische Schiffe verkehren dort.

▶ Die Firma VIAS führt den Nahverkehr rechtsrheinisch im Auftrag des Landes durch.

der Bahnstrecke, ist aber vom Zug aus nicht zu erkennen. Erst zwischen Niederwallruf und Eltville kommt die Bahn dem Rhein nahe. Ab Erbach (Rheingau) lohnt sich ein Blick aus dem Fenster.

Weinreben säumen die Bahnstrecke und auch ein Blick auf den Fluss ist immer wieder möglich. Über Hattenheim, Oestrich-Winkel, Geisenheim erreicht die Rheingaulinie Rüdesheim am Rhein. Dort beginnt der schönste Abschnitt der rechten Rheinstrecke. Die Region ist touristisch geprägt. Zwischen Lorchhausen und Kaub wird die Landesgrenze zwischen Hessen und Rheinland-Pfalz überquert. Laufend lassen sich Schiffe und Züge auf der anderen Rheinseite beobachten. In Kaub gibt es auch eine Rheinfähre für Autos, Fahrradfahrer und Fußgänger. Brücken gibt es bis Koblenz keine (mehr), sodass die Überquerung des Flusses nur mit Fähren möglich ist. Nach Kaub wird das Tal deutlich enger und mit dem Roßstein- und Loreleytunnel werden auch die einzigen beiden Tunnels der Strecke durchfahren. Über St. Goarshausen, Kestert, Kamp-Bornhofen, Filsen, Osterspai und Braubach wird Oberlahnstein erreicht. Im Bahnhof Niederlahnstein mündet die Lahntalbahn aus Limburg in die Rheinschiene. Zuvor wurde schon auf einer modernen Stahlbogenbrücke die Lahn überquert. Nun wechseln die Regionalzüge die Seite des Rheins, um den Koblenzer Hauptbahnhof anfahren zu können. Schnelle Personenzüge ohne Halt in Koblenz und Güterzüge bleiben allerdings

Weinreben säumen die Bahnstrecke und ein Blick auf den Fluss ist immer wieder möglich.

auf der rechten Rheinseite und können ihre Fahrt in Richtung Neuwied/Köln fortsetzen. Nach der Rheinüberquerung ist der Bahnhof Koblenz schnell erreicht. Dort endet unsere Reise rheinabwärts. Hoch über dem Bahnhof thront Fort Konstantin. Unmittelbar bevor

Rheinaufwärts hat man beste Ausblicke auf das UNESCO-Welterbe Mittelrheintal.

das Rheinland zu Preußen kam, entstanden ab 1815 die Koblenzer Festungsanlagen. Bereits nach dem deutsch-französischen Krieg 1870/71 verloren die Befestigungsanlagen ihre Bedeutung. Nach dem Ersten Weltkrieg mussten sie »unbrauchbar« gemacht werden, was mit Sprengungen erreicht wurde. Bis 1993 wurde das Fort Konstantin dem Verfall preisgegeben. Seitdem bemüht sich ein Verein um die Erhaltung der Anlage, die vom Bahnhof zügig zu Fuß erreicht werden kann. Wer jedoch kein Interesse an der Festung hat, kann mit vielen unterschiedlichen Zügen in den zweiten Teil der Rundfahrt antreten. In den IC-/ICE-Zügen sind die Ländertickets allerdings nicht gültig. Fahrgäste mit diesen Tickets sollten auf die gelb-silberfarbenen Mittelrheinbahn-Züge oder die grau-roten SÜWEX-Triebwagen ausweichen. Auf der Fahrt rheinaufwärts hat man erneut beste Ausblicke auf das UNESCO-Welterbe Mittelrheintal. Direkt am Ortsende von Koblenz wird die Königsbacher Brauerei auf der rechten Seite in Fahrtrichtung passiert. Links kommt der Rhein den Gleisen sehr nahe. Hinter dem Haltepunkt Rhens kommt auf der an-

▼ Bunte Fassaden aus verschiedenen Epochen prägen die Mainzer Altstadt.

▶ Obwohl die Strecke elektrifiziert ist, verkehren regelmäßig Dieseltriebwagen.

deren Rheinseite die Marksburg ins Blickfeld. Die imposante Burganlage ist von dieser Seite aus besonders gut zu sehen. Mal mit mehr, mal mit weniger Abstand verläuft die linke Rheinstrecke über Spay bis nach Boppard. Dort zweigt die Steilstrecke nach Emmelshausen ab, die früher sogar bis Simmern führte.
Nun beginnt der schönste Streckenabschnitt. Bis Bad Salzig verlaufen die Gleise dicht am Rhein entlang. Der nächste größere Ort ist nun St. Goar mit einem tollen Ausblick auf die gegenüber liegende Burg Katz. Nun folgt der 367 Meter lange Banktunnel. Unmittelbar nach der Tunnelausfahrt ist auf der anderen Flussseite der Loreleyfels unübersehbar.

Einheitliches Landschaftsbild

Nun folgen der Betttunnel und der Kammereck-Tunnel, bevor Oberwesel erreicht wird. Vor dem Bahnhof wird noch der bekannte Katzenturm rechts der Gleise und links der Gleise der Ochsenturm passiert. Da man jedoch die Fenster nicht mehr öffnen kann, sieht man von beiden mittelalterlichen Türmen nur wenig.
Besser erkennen kann man die mächtige Liebfrauenkirche aus dem 14.Jahrhundert oberhalb des Bahnhofs. Die Fahrt geht weiter und in wenigen Minuten passieren wir die im Rhein liegende Burg Pfalzgrafenstein. Nach einem kurzen Halt in Bacharach erreichen die Züge über Niederheimbach, Trechtlingshausen, Aßmannshausen den Bahnhof Bingen (Rhein), der früher Bingerbrück hieß. Dort zweigt die Nahetalbahn in Richtung Westen ab. Der namensgebende Fluss Nahe wird auf einer Brücke überquert, ehe der Haltepunkt Bingen (Rhein) Stadt erreicht wird. Nun ändert sich die Aussicht aus dem Zug massiv. Das Rheintal weitet sich und die Bahnstrecke in Richtung Mainz verläuft durch viele landwirtschaftliche genutzte Felder- und Plantagen.
Nur rund um die folgenden Ortschaften gibt es noch Siedlungen und Gewerbegebiete, die etwas Abwechslung in die sonst monotone Landschaft bringen. 20 Minuten ist der Regionalexpress zwischen Bingen und Mainz unterwegs. Dort ist ein Umstieg erforderlich, um wieder zum Ausgangsbahnhof Wiesba-

den-Hauptbahnhof zu gelangen. Die Züge ab Mainz verkehren im 15-Minuten-Takt und erreichen ebenfalls in 15 Minuten den Hauptbahnhof von Wiesbaden.

▲ Der Ausblick von der Stadtmauer von Oberwesel ist sehr schön.

▶ Der Drei-Burgen-Blick ist vom Bahnhof St. Goarshausen zügig zu Fuß erreichbar.

Kleine Geschichte der Bahn

In diesem Kapitel werden zwei eigentlich eigenständige Bahnstrecken vorgestellt. Die linke Rheinstrecke (Koblenz – Bingen – Mainz) und die rechte Rheinstrecke von Koblenz über Rüdesheim nach Wiesbaden.
Die ersten Planungen für eine rechte Rheinstrecke stammen von 1844 vom damaligen Bürgermeister von Deutz. Ab 1852 engagierte sich dann die Stadt Neuwied stark für den Bau. Allerdings gab es insbesondere von preußischer Seite erhebliche Vorbehalte gegen die Strecke. Daher entstand zunächst der südliche Abschnitt der Strecke auf dem Territorium des Herzogtums Nassau. 1856 wurde das erste Teilstück der Nassauischen Rheinbahn von Wiesbaden bis nach Rüdesheim eröffnet. 1862 wurde Oberlahnstein und 1864 Niederlahnstein erreicht. Gleichzeitig wurde auch die Pfaffendorfer Rheinbrücke eingeweiht, die als Verbindung zur linken Rheinstrecke in Koblenz genutzt wurde. Mit dem Untergang des Herzogtums Nassau nach dem Preußisch-Österreichischen Krieg wurde die Nassauische Rheinbahn Bestandteil der Preußischen Staatseisenbahnen. Die größten Veränderungen erfolgten erst wieder mit der Streckenelektrifizierung ab 1959.
Dazu mussten auch parallel zum Loreley- und Roßsteintunnel zwei neue Tunnelröhren gegraben werden, weil der Durchmesser der alten Röhren nicht für die Oberleitung ausreichend war. Seitdem verläuft ein Gleis durch

die alten Tunnelröhren und ein Gleis durch die Neubauten.

Und das linksrheinische Ufer

Die linke Rheinstrecke, also die Bahnlinie zwischen Koblenz und Mainz, hat ihre eigene Geschichte. 1859 wurde der Streckenabschnitt vom damaligen Grenzbahnhof zwischen Preußen und Hessen in Bingerbrück (heute Bingen Hbf) bis nach Mainz eingleisig in Betrieb genommen. Mit Vollendung der Nahebrücke wurde eine Verbindung zur ebenfalls 1859 eröffneten Rheinischen Eisenbahn von Bingerbrück nach Koblenz hergestellt. Bis 1861 wurde die Strecke zwischen Bingerbrück und Mainz zweigleisig ausgebaut. Nur kurze Zeit bestand zwischen Bingen und Rüdesheim mit der Hindenburg-Brücke eine feste Rheinüberquerung und damit eine Verbindung der linken und rechten Rheinstrecke. Erbaut wurde die Brücke 1915 und zerstört wurde sie bereits 30 Jahre später bei Ende des Zweiten Weltkriegs. Auch die linke Rheinstrecke wird elektrisch betrieben. Ab 1858 und damit ein Jahr vor der rechten Rheinstrecke wurde der elektrische Zugbetrieb aufgenommen. Die linke Rheinstrecke dient heute vorrangig dem schnellen Personenverkehr, während auf der rechten Rheinstrecke der Güterverkehr rollt.

Sehenswertes entlang der Strecke

DB-Museum Koblenz Lützel Neben dem Eisenbahnmuseum in Nürnberg und einem Standort in Halle (Saale) ist das DB-Museum in Koblenz-Lützel der dritte Museumsstandort des bundesdeutschen Eisenbahnunternehmens. Dort sind hauptsächlich Diesel- und Elektroloks ausgestellt. Tel. 0261 – 396 13 38, www.dbmuseum.de

Loreley-Fels Auch das Fels-Plateau vom Loreley-Felsen ist zu Fuß gut erreichbar. Vom Bahnhof St. Goarshausen folgt man zunächst der Straße flussaufwärts, vorbei am Loreley-Denkmal und den Hafenanlagen. Links beim Bahntunnel führt ein gut ausgebauter Fußweg mit vielen Treppen direkt nach oben. Der Weg ist zwar steil, aber der Ausblick auf das Rheintal mit der Burg Katz und Rheinfels lassen den mühsamen Anstieg schnell vergessen.

Marksburg Vom Ortskern Braubachs führt ein Fußweg in etwa 600 Meter lang steil aufwärts über ca. 90 Höhenmeter zur Marksburg. Die Marksburg ist die einzige nie zerstörte Höhenburg am Mittelrhein. Zwischen Bingen und Koblenz gibt bzw. gab es im Durchschnitt alle 2,5 Kilometer eine Burg. Die allermeisten dieser Burgen sind aber »Neubauten« des 19. und 20. Jahrhunderts. Fast alle Burgen waren zu Ruinen geworden, entweder durch Zerstörung, meist durch die Schweden im 30-jährigen Krieg, oder erst durch die Truppen Ludwigs XIV. im pfälzischen Erbfolgekrieg 1689, oder einfach durch Aufgabe der Nutzung und anschließenden Verfall. Ab dem 19. Jahrhundert hat man dann viele Ruinen im Zeitalter der Romantik wieder auf- oder ausgebaut. Ganz wenige Ausnahmen wie Pfalzgrafenstein und eben die Marksburg haben die Zeiten unzerstört überdauert und erlauben uns heute einen Blick in frühere Jahrhunderte. Die Burganlage ist fast komplett zur Besichtigung freigegeben. Tel. 02627 – 206, www.marksburg.de

STRECKENVERLAUF

Wiesbaden – Rüdesheim – Lorch – St. Goarshausen – Kestert – Niederlahnstein – Koblenz – Boppard – St. Goar – Oberwesel – Bacharach – Bingen – Gau-Algesheim – Mainz – Wiesbaden

▼ Die Liebfrauenkirche in Oberwechsel dominiert das Ortsbild massiv.

▶ Die Ruine von Schloss Katz erhebt sich über St. Goarshausen.

TIPPS & INFOS

MITFAHREN Die Züge auf der rechten Rheinstrecke sind überschaubar und schnell erklärt. Es besteht ein Stundentakt von Wiesbaden Hauptbahnhof bis nach Koblenz als RB 10, die Rheingau-Linie. Diese Züge werden von der VIAS Eisenbahngesellschaft betrieben. Nur saisonal und bei Umleitungen kommen IC-Züge auf die rechte Rheinstrecke. Linksrheinisch zwischen Koblenz und Mainz ergibt sich eine größere Auswahl an Zügen. Neben ICE- und IC-Zügen verkehren die SÜWEX-RE-Züge der DB-Regio und die RB 26 mit dem Markennamen Mittelrheinbahn der Bahngesellschaft Transregio dort im Stundentakt, so dass es einen engen Takt gibt. ICE und IC können mit den Verbund- und Nahverkehrsfahrscheinen nicht genutzt werden. Diese sind nur im SÜWEX und in der Mittelrheinbahn gültig. Die Züge fahren von früh bis spät.

TICKETS Wer mit dem Zug durchs Rheintal fahren möchte kann sich dem gesamten Fahrkartenangebot der Deutschen Bahn AG bedienen. Unter www.bahn.de, im Reisezentrum oder am Automaten sind Fahrscheine erhältlich. Mit Nahverkehrszügen und dem Rheinland-Pfalz-Saarland-Ticket ist man mobil und ohne Zugbindung unterwegs, werktags allerdings erst ab 9.00 Uhr morgens. Das Ticket gilt auch in Hessen von/bis Wiesbaden Hauptbahnhof. Das Hessen-Ticket gilt auf der rechten Rheinstrecke nur bis Lorchhausen und auf der linken Rheinstrecke überhaupt nicht, wobei Mainz innerhalb des Gültigkeitsbereichs liegt.

ANREISE Als Startbahnhöfe für die Rundtour eignen sich nicht nur Wiesbaden und Koblenz, sondern auch alle anderen Knotenbahnhöfe wie Mainz, Bingen, Gau-Algesheim oder Niederlahnstein.

AUF EINEN BLICK

Strecke rechtsrheinisch – Die Rheingau-Linie
Eröffnung In Etappen zwischen 1856 und 1864
Fahrzeit 93 Minuten
Streckenlänge 118 Kilometer
Tunnelanzahl 2
Höchstgeschwindigkeit 140 km/h
Zug RB 10, die Rheingau-Linie, Flirt-Elektrotriebwagen von VIAS

Strecke linksrheinisch – Die Mittelrheinbahn
Eröffnung Bis 1859 in Etappen
Fahrzeit 83 Minuten
Streckenlänge 124 Kilometer
Tunnelanzahl 3
Höchstgeschwindigkeit 140 km/h
Züge S-Bahn und ICE/IC/Südwex (RE-)Züge oder RB26 Mittelrheinbahn von TransRegio

3 Spektakuläre Ausblicke in Tirol und Bayern erleben

Durchs Karwendelgebirge nach Garmisch-Partenkirchen

Zu den schönsten Alpenbahnen gehört die deutsch-österreichische Bahnstrecke von Innsbruck über Mittenwald nach Garmisch-Partenkirchen. Insbesondere der Aufstieg aus dem Inntal hinterlässt bei den Bahnreisenden einen bleibenden Eindruck.

Sie ist die schönste deutsche Alpenbahn schlechthin, die Karwendelbahn oder auch Mittenwaldbahn genannt. Mit ihr machen wir in diesem Buch einen einmaligen Abstecher nach Österreich, denn wir wollen ja nicht in den Grenzbahnhöfen Mittenwald oder Scharnitz den Zug verlassen. Die Fahrt lässt sich wunderbar als Rundreise organisieren, wobei wir unseren Schwerpunkt auf die Strecke zwischen Innsbruck und Garmisch-Partenkirchen legen wollen. Aber nun zur Anreise. Ein idealer Ausgangspunkt ist der Münchner Hauptbahnhof. Direkte EC-Züge verkehren von dort über Rosenheim, Kufstein und Wörgl nach Innsbruck. Die Fahrt dauert eine Stunde und 44 Minuten. Etwas mehr als eine Stunde länger ist man mit den Zügen des Regionalverkehrs unterwegs. Im Grenzbahnhof Kufstein muss man dazu vom BRB-Zug auf die österreichische S-Bahn umsteigen.

Durchs große Inntal

Der Vorteil der Regionalzüge ist, dass die Züge meist nicht ganz so voll sind und zweitens, dass die günstigen Angebote wie das Bayern-Ticket (von München bis Kufstein und von Mittenwald bis München) sowie das Einfach-raus-Ticket (von Kufstein nach Mitten-

◀ Hoch oberhalb des Inntals verläuft die Mittenwaldbahn mit besten Aussichten ins Tal.

▶ Beim Umstieg vom BRB in die österreichische S-Bahn hat man die Möglichkeit, sich das schöne Kufstein ansehen.

Wanderungen und Natur

1. Partnachklamm, Garmisch-Partenkirchen

Eine 700 Meter lange und vom Wildbach Partnach teilweise über 80 Meter tief eingeschnittene Klamm im Reintal nahe Garmisch-Partenkirchen. Umgeben von massiven Felswänden bieten sich bei jedem Schritt neue, atemberaubende Perspektiven. www.partnachklamm-info.de

2. Schachen, König Ludwig Jagdhaus, Elmau

Auf dem Schachen befindet sich das Königshaus am Schachen des bayerischen Königs Ludwig II., das 1869 bis 1871 erbaut und von Ludwig II. bei seinen jährlichen Aufenthalten im Gebirge genutzt wurde. Der Schachen bietet einen guten Ausblick auf das Reintal.

3. Isarursprung, Scharnitz

Der Isarursprung befindet sich im Gemeindegebiet Scharnitz in Tirol umringt vom gewaltigen Bergmassiv des Karwendels. Das kristallklare, blaue Wasser begleitet die Besucher auf dem Weg zum Ursprung der Isar durch das eindrucksvolle Hinterautal.

4. Kulturrundwanderweg, Reith

Der Kulturweg in Reith bei Seefeld ist ein Rundwanderweg und führt von Reith nach Leithen und wieder zurück. Auf dem kulturellen Wanderweg passiert man zehn historische Denkmäler, die über die Geschichte und die Kultur von Reith erzählen.

5. Hofgarten, Innsbruck

Der Hofgarten ist die grüne Lunge im Herzen von Innsbruck. Er grenzt an die Kaiserliche Hofburg und liegt nahe der Talstation der Nordkettenbahnen. www.innsbruck.info

wald) genutzt werden können. Die Strecke bis Innsbruck verläuft ab Kiefersfelden direkt im großen Inntal. Der Inn selbst wird dabei mehrfach überquert, zuletzt kurz vor dem Bahnhof Innsbruck. Dort ist ein Umstieg auf die Züge der Mittenwaldbahn erforderlich.

Wer Zeit hat, sollte unbedingt einen Aufenthalt in Innsbruck einplanen,

Innsbruck als zweimaliger Austragungsort der Olympischen Winterspiele ist bekannt als Wintersportparadies und für seine zahlreichen Bauwerke aus der Zeit Kaiser Maximilians I. Wer Zeit hat, sollte daher unbedingt einen Aufenthalt in der Stadt einplanen, bevor das eigentliche Ziel der Reise, die Karwendelbahn befahren wird.

Die Züge in Richtung Garmisch-Partenkirchen, Mittenwald, Scharnitz oder Seefeld in Tirol verkehren unter der Linienbezeichnung S 6. Wie in Deutschland wurde die Bezeichnung »S-Bahn« als schnelle in kurzen Abständen verkehrende Schnellbahn in den Verdichtungsräumen massiv verwässert, sodass inzwischen viele Regionalzüge, teilweise im Stundentakt verkehrend, den Namen S-Bahn führen. Auf der Karwendelbahn besteht aber ein Halbstundentakt mit wenigen Lücken. Sonntags gibt es um die Mittagszeit sogar die Gelegenheit die Strecke mit dem ICE zu bereisen. Im ICE sind jedoch das Einfach-raus- und Bayern-Ticket nicht gültig. Die Aussicht aus den Regionalzügen ist jedoch mindestens

▼ Scharnitz ist der Grenzbahnhof zwischen Deutschland und Österreich..

◀ Die farbenfrohen Fassaden des Innsbrucker Stadtteils Mariahilf

▶ Der höchste deutsche Berg ist die Zugspitze mit ihrem Gipfelkreuz.

gleichwertig oder eher sogar besser, weil die Fenster deutlich größer sind. Die Züge verlassen den Bahnhof Innsbruck in südwestliche Richtung. Die Gleise schwenken bereits am Bahnhofsende der nun als »Arlbergbahn« bezeichneten Strecke Richtung Bludenz aus. Nächster Halt ist der Westbahnhof, ehe der Inn mittels einer großen Brücke gekreuzt wird. Noch verläuft die Bahnlinie durch das Stadtgebiet. Innsbruck-Hölting ist der letzte Talbahnhof. Schon bis zur nächsten Station Allerheiligenhöfe gewinnt die S-Bahn an Höhe.

Steile Strecke mit toller Aussicht

Der Bahnhof Allerheiligenhöfe liegt mit 631 Meter 49 Meter höher als unser Ausgangsbahnhof Innsbruck. Doch das ist noch gar nichts. Nun beginnt die Bergstrecke, die im Bahnhof Seefeld in Tirol mit 1182 Metern ihren höchsten Bahnhof erreicht. Noch bis zum Bahnhof Kranebitten verläuft die Bahnstrecke durch Wiesen, Wälder und Siedlungen. Der interessanteste Abschnitt folgt nach dem Halt in Kranebitten. Bis Hochzirl verlaufen die Gleise stetig steigend am Berghang oberhalb des Inntals und bieten einen wunderschönen Ausblick ins Tal. Es folgen Tunnels, Galerien und Viadukte, die nochmals verdeutlichen, wie schwierig es war, für die Bahnlinie eine Trasse am steilen Berghang zu finden. Mit 1803 Metern ist der Martinswandtunnel der längste auf der gesamten Strecke. Nach weiteren drei Kilometern wird der

Bahnhof Hochzirl erreicht. Er ist ein idealer Ausgangspunkt für Wanderungen. Für Eisenbahnfreunde und Interessierte an der Streckenführung der Karwendelbahn gibt es ab dort einen fast ebenen Weg zur 66 Meter langen Schloßbachgrabenbrücke, die wenige Minuten nach dem Bahnhof Hochzirl auch von den Zügen überquert wird. Die Bahnlinie

▲ Nur noch ganz selten werden einstöckige Waggons als Ersatz eingesetzt.

► Der urbayerische Ortskern von Mittenwald mit der Kirche St. Peter und Paul

Bei Leithen rücken wieder schöne Bergwiesen ins Blickfeld der Bahnreisenden.

verläuft nun hauptsächlich durch Wälder entlang des Berghangs. Erst bei Leithen rücken wieder schöne Bergwiesen ins Blickfeld der Bahnreisenden. Über Reith erreicht der Zug nun die Station Seefeld in Tirol. Bemerkenswert ist der neue Bahnhof, der eigens zur Nordischen Ski-Weltmeisterschaft 2019 umgebaut wurde. Seefeld gehört zu den populärsten Wintersportorten Tirols. Hier treffen sich Profi-Skilangläufer, Biathleten und Nordische Kombinierer, um bei Weltcup- und Weltmeisterschaftsrennen ihre Kräfte zu messen. Die guten Bedingungen zum Skifahren und Rodeln nutzen natürlich auch viele Urlauber. Seefeld gehört zu den schneesichersten Regionen Österreichs, zieht aber auch im Sommer viele Touristen zum Wandern, Radeln und Golfspielen an. Weiter geht es zur nächsten Station, Scharnitz. Dort sind nicht nur die denkmalgeschützte katholische

Pfarrkirche Maria Hilf einen Besuch wert, sondern unter anderem auch das ebenfalls unter Denkmalschutz stehende Aufnahmsgebäude. Seine Architektur ist ebenso wie die anderen original erhaltenen Bahnhöfe der Karwendelbahn am Heimatstil orientiert. Direkt nach dem Bahnhof wird die Staatsgrenze Österreich/Deutschland bei Kilometer 33,16 überfahren. Vom Zug aus kann man die Kilometertafeln an den Oberleitungsmasten gut erkennen. Die Staatsgrenze ist also 33,16 Kilometer von Innsbruck und 123,5 Kilometer von München entfernt. Auf dem nun folgenden deutschen Streckenabschnitt nehmen die Kilometerangaben nämlich bis München ab. Über die Stationen Mittenwald und Klais erreichen wir bald den Bahnhof Garmisch-Partenkirchen. Der bayrische Skiort ist seit Jahrzehnten ein geschätztes Reiseziel für Wanderer, Eisläufer und Skifahrer. Auch Mountainbiker kommen gerne hierher, weil von Garmisch-Partenkirchen aus viele interessante Touren starten. In der Nähe der Stadt liegt die Zugspitze, die mit 2962 Metern der höchste Berg Deutschlands ist. Zum Gipfel geht es mit der Zugspitzbahn und einer Seilbahn. Im Winter herrscht in dem Skigebiet Hochbetrieb. Die meisten Züge verkehren weiter zum ursprünglichen Ausgangspunkt der Rundreise, München Hbf. Auch dieser Abschnitt der Strecke bietet vor dem Alpenpanorama herrliche Ausblicke.

Kleine Geschichte der Bahn

Die Karwendelbahn oder auch Mittenwaldbahn wurde von 1910 bis 1912 von den Bauunternehmern und Josef Riehl und Wilhelm Carl von Doderer als elektrische Lokalbahn erbaut. Dampflokomotiven waren auf dieser Strecke daher nicht im Einsatz. Die Kosten trug die von den beiden gegründete Mittenwaldbahn AG. Erbaut wurde in einem Zug die Mittenwaldbahn und die Außerfernbahn von Garmisch-Partenkirchen nach Reutte in Tirol. Im Verhältnis zur Streckenlänge gehörte die Mittenwaldbahn aufgrund der zahlreichen

Tunnel, die gebaut werden mussten, zu den damals teuersten Bahnprojekten. Baubeginn war am Tunnel durch die Martinswand. Die Betriebsführung erfolgte grenzüberschreitend durch die jeweiligen Staatsbahnen, die österreichische Bahn war für die Strecke Innsbruck–Garmisch, die Königlich Bayerischen Staats-Eisenbahnen beziehungsweise ihre Nachfolger für die Strecke von Garmisch nach Reutte zuständig. 1935 wurde die Strecke auch Eigentum der jeweiligen Staatsbahn. Seit Eröffnung wird die Strecke auch touristisch genutzt.

Sehenswertes entlang der Strecke

Stadt Innsbruck Das Goldene Dachl oder die Kaiserliche Hofburg sind über Innsbruck hinaus bekannt. Die Altstadt an sich lohnt auf jeden Fall einen Besuch. Ein weiteres Ausflugsziel in Innsbruck ist das Schloss Ambras. Mit der Innsbruck Card sind die Sehenswürdigkeiten übrigens kostenlos zu besichtigen.

Zugspitze Das Zugspitzmassiv ist mit 2962 Metern über dem Meer die höchste Erhebung Deutschlands. Der Berg ist heute mit drei Bergbahnen, der Tiroler Zugspitzbahn, der Bayerischen Zugspitzbahn und der Seilbahn Zugspitze, erschlossen. Direkt vom Bahnhof Garmisch-Partenkirchen aus verkehrt die Zugspitzbahn, eine Zahnradbahn, in der auf der Talstrecke bis Grainau auch das Bayern-Ticket anerkannt wird. Tel. 08821 – 797-0, www.zugspitze.de.

Karwendel-Seilbahn In nur zehn Minuten erreicht man vom Bahnhof zu Fuß oder per Wanderbus die Talstation der Karwendelbahn. Die Seilbahn ist die zweithöchste Bergbahn von Deutschland und bietet von der Bergstation aus wunderbare Wandermöglichkeiten. Tel. 08823 – 93 76 76-0, www.karwendelbahn.de

STRECKENVERLAUF

Garmisch-Partenkirchen – Kaltenbrunn – Klais – Mittenwald – Grenze DB/ÖBB – Scharnitz – Seefeld in Tirol – Reith – Hochzirl – Martinswand – Kranebitten – Allerheiligenhöfe – Innsbruck-Hötting – Innsbruck Westbahnhof – Innsbruck

▼ Das goldene Dachl in Innsbruck ist eines der Highlights der Stadt.

▶ Zwischen Innsbruck und Scharnitz wird die Strecke von der S-Bahn Innsbruck genutzt.

TIPPS & INFOS

MITFAHREN Durchgängige Züge von Garmisch-Partenkirchen nach Innsbruck über die gesamte Strecke gibt es im 2-Stunden-Takt. Der Abschnitt Innsbruck – Scharnitz wird von der S-Bahn-Linie 6 bedient. Diese verkehrt mindestens im Stundentakt. Eine Besonderheit ist die ICE-Verbindung von Hamburg über die Karwendelbahn nach Innsbruck. Dieser Zug verkehrt im Regelfall aber nur samstags von Deutschland nach Innsbruck und sonntags wieder zurück. Vorbei sind leider die Zeiten, als noch älteres Wagenmaterial mit Fenster zum Öffnen auf der Strecke unterwegs war. Bei den modernen, klimatisierten Fahrzeugen lassen sich die Fenster leider nicht mehr öffnen.

TICKETS Das Bayern-Ticket gilt auf der Karwendelbahn nur bis zum Bahnhof Mittenwald. Der Grenzbahnhof ist Scharnitz. Auf dem Abschnitt zwischen Mittenwald und Innsbruck bietet sich für Gruppen das Einfach-raus-Ticket an, das bereits in Garmisch-Partenkirchen am Automaten oder im Reisezentrum erworben werden kann. Auf der Strecke sind auch alle regulären Fahrscheine aus dem großen Angebot der Deutschen Bahn AG und den Österreichischen Bundesbahnen (ÖBB) gültig. Fahrscheine gibt es online auf den Webseiten www.bahn.de. und www.oebb.at, aber auch an allen Automaten auf den Bahnhöfen. Teilweise sind Einzelfahrkarten preiswerter als das Bayern- oder Einfach-raus-Ticket, insbesondere dann, wenn man den Fahrpreis noch mit der Vorteilscard (ÖBB) oder Bahncard reduzieren kann.

ANREISE Stündliche Züge verkehren von München nach Garmisch-Partenkirchen. Auch von Kempten über die Außenfernbahn ist eine Anreise möglich. Eine Rundreise ergibt sich mit dem Bayern- und Einfach-raus-Ticket von München über Kufstein und Innsbruck nach Garmisch-Partenkirchen und weiter nach München.

AUF EINEN BLICK

Eröffnung 1912
Fahrzeit 81 Minuten
Streckenlänge 56 Kilometer
Anzahl Tunnel 16
Höchstgeschwindigkeit 70 km/h
Zug Moderne Elektrotriebwagen vom Typ Talent 1 (ÖBB) und Talent 2 (DB)

4 Mainschleifenbahn

Mit dem Schienenbus von Seligenstadt nach Volkach

Die Fahrtstrecke der Mainschleifenbahn im Fränkischen Weinland ist zwar nur 10 Kilometer lang, bietet dafür aber Ausblicke auf die berühmte Wallfahrtskirche Maria im Weingarten bei Volkach oder auf die Weinorte Fahr, Eisenheim, Escherndorf und Nordheim.

Die Totenglöcklein hatten schon geläutet: 1995 sollten die Gleise zwischen Seligenstadt, an der Hauptbahn Würzburg Schweinfurt gelegen, und Volkach am Main herausgerissen werden. Damals lag die Bahnstrecke brach. Die Deutsche Bahn AG wie auch ihre Vorgängerin, die heute so hoch gelobte Deutsche Bundesbahn, hatten kein Interesse, keine Visionen und keinen Nutzen mehr für die zehn Kilometer lange Bahnlinie. Um der Region zu zeigen, was für ein Kleinod

sie besitzt, bedurfte es eines Vereins, der Interessengemeinschaft Mainschleifenbahn, die dort seit 2003 regelmäßig tausende von Touristen mit ihrem roten Schienenbus befördert. Die Strecke an sich ist relativ kurz. Nur zehn Kilometer sind es vom Ausgangspunkt bis zum heutigen Endpunkt an der Mainbrücke in Volkach. Früher fuhren die Züge über die Mainbrücke bis zum Bahnhof Volkach über die seit 1949 bestehende Roth-Waagner-Behelfsbrücke. Diese musste eingesetzt werden, nachdem die Wehrmacht noch 1945 die alte Mainbrücke bei ihrem Rückzug sinnlos sprengte.
Bis 1993 konnten die Züge auch über die kombinierte Bahn-/Straßenbrücke fahren. Mit dem Ende der schweren Güterzüge kündigte die Deutsche Bundesbahn jedoch den Nutzungsvertrag. Der Neubau von 2011 ist gleislos, sodass die Fahrgäste der Mainschleifenbahn die letzten hundert Meter über den Main zu Fuß zurücklegen müssen. Die Fahrt mit dem roten Schienenbus der Baureihe 796 beginnt nicht, wie gewöhnlich, am DB-Bahn-

◀ Heutiger Endpunkt der Mainschleifenbahn ist der Bahnhof Volkach-Astheim.

▶ Die Mainschleife bei Volkach bildet das Herz der Weinregion Franken.

Mainschleifenbahn

Im Weinland

1. Silvaner Erlebnisweg, Eisenheim

In Eisenheim werden verschiedene Themenwanderwege an der Mainschleife angeboten. www.eisenheim.de

2. Der große Bocksbeutel, Escherndorf

Schon von Weitem unübersehbar – der wohl größte Bocksbeutel der Welt steht für die edlen Tropfen der Weinlagen um Escherndorf und Köhler und grüßt die Besucher der beiden Weinorte. Der Ende der 1970er-Jahre entstandene, hölzerne Bocksbeutel avancierte schnell zum idealen Treff- und Ausgangspunkt für Weinbergwanderungen und zum überaus beliebten Fotomotiv, das die Touristen und Weinfreunde in aller Welt kennen. www.escherndorf.de

hof in Seligenstadt. Überhaupt liegt der Bahnhof inmitten großer Felder. Nur gegenüber der Hauptbahngleise stehen einige wenige Häuser. Ein Ortszentrum sucht man vergebens. Die Mainschleifenbahn besitzt keinen Anschluss an das Netz der Deutschen Bahn AG. Dieser wurde in den 1990er-Jahren als Vorgriff zum Gleisabbau der Strecke schon entfernt. Alle Reisenden müssen 250 Meter zu Fuß bis zum neuen Bahnsteig Seligenstadt-Mainschleifenbahn laufen. Dort steht der Schienenbus der Mainschleifenbahn bereit. Das urgemütliche Fahrzeug begeistert sofort. Man fühlt sich um mindestens 40 Jahre in die Vergangenheit zurückversetzt. Die roten Schienenbusse waren fast überall in Deutschland anzutreffen und lösten die alten Dampfloks aus den 20er-Jahren ab. Nur dank der preiswerten Fahrzeuge konnte so manche Stichbahn bis heute überleben.

Weinbewachsene Hänge an den Ufern

Die Fahrt beginnt. Bis Prosselsheim führen die Gleise hauptsächlich durch große Felder mit Mais und Getreide. In einer großen Kurve wird der Ort umfahren. Jetzt sind auch Obstgärten links und rechts der Bahn zu sehen. Aber noch immer dominieren weite Felder links und rechts der Gleise. Erst wenige Kilometer später ändert sich das Erscheinungsbild abrupt. Nun kommen die ersten Weinreben ins Blickfeld und in der Ferne ist das Maintal mit seinen Schleifen zu sehen. Die

letzten vier Kilometer sind der schönste Abschnitt der Strecke, bis in Volkach-Astheim schon der Endpunkt erreicht wird. Wer weiter bis nach Volkach möchte, muss nun zu Fuß die neue Mainbrücke von 2011 überqueren. Beim alten Bahnhof befindet sich nun der Busbahnhof. Die historische Altstadt mit Cafés und Gaststätten ist immer einen Besuch wert!

Kleine Geschichte der Bahn

Die Mainschleifenbahn ist eine typisch bayerische Lokalbahn mit dem Schicksal vieler anderer Nebenbahnen, dass sie ab den 1950er-Jahren mehr und mehr an Bedeutung verlor. 1904 wurde der Bau genehmigt, 1907 war Baubeginn und 1909 konnte die Strecke feierlich eröffnet werden. Schon von Beginn an war die Strecke eine typische Ausflugsbahn für viele Würzburger Touristen. Tragisch für die Bahn war die Sprengung der Mainbrücke durch die Wehrmacht im Jahr 1945. Zwar wurde bereits 1949 ein Ersatzbauwerk erstellt, aber nur als kombinierte Straßen-/Eisenbahnbrücke. Bis 1968 wurde der reguläre Personenverkehr nach Volkach aufrechterhalten. Später diente die Bahn noch zahlreichen Sonderzügen und dem schweren Güterverkehr. Im Jahr 1991 wurde auch der Güterverkehr eingestellt, der zuletzt noch der Bundeswehr oder Mineralöltransporten aus dem Öltanklager in Volkach gedient hatte. 1994 wurde die Mainschleifenbahn von der Deutschen Bahn stillgelegt. Es ist ausschließlich dem kleinen Förderverein Mainschleifenbahn zu verdanken, dass die Gleise bis heute liegen und regelmäßig Züge verkehren. Künftig soll auch wieder werktags der öffentliche Personennahverkehr auf die Schiene verlagert werden. Dazu wird in Seligenstadt auch der Anschluss an die Gleise der Deutschen Bahn reaktiviert.

Sehenswertes entlang der Strecke

Wallfahrtskirche Maria im Weingarten Ein beliebtes Wanderziel an der Volkacher Mainschleife ist die von Tilman Riemenschneider geschaffene Madonna in der Wallfahrtskirche Maria im Weingarten. Die Wallfahrtskirche erreicht man bequem vom Endbahnhof Volkach-Astheim aus über die Mainbrücke. Der Fußweg ist gut ausgeschildert.

TIPPS & INFOS

MITFAHREN Der rote Schienenbus pendelt im Sommerhalbjahr an allen Sonn- und Feiertagen viermal über die Strecke. An Samstagen pendelt der Zug im September und Oktober.
TICKETS Die Fahrkarten sind am Bahnsteig und im Zug erhältlich. Es gibt keinen Vorverkauf. Die Züge werden vom Förderverein Mainschleifenbahn betrieben weshalb auch reguläre Ticketangebote wie das Bayern-Ticket keine Gültigkeit besitzen.
ANREISE Die Anreise mit der Bahn erfolgt bis zum Bahnhof Seligenstadt (bei Würzburg). Dort zweigte die Bahnstrecke nach Volkach ursprünglich ab. Die Deutsche Bahn AG entfernte jedoch die Anschlussweiche, so dass der Fahrgast heute 150 Meter Fußweg bis zum Haltepunkt Seligenstadt-Mainschleifenbahn zurücklegen muss.
AUF EINEN BLICK
Eröffnung 1909
Fahrzeit 25 Minuten
Streckenlänge 10 Kilometer
Eröffnung 1909
Spurweite 1435 Millimeter
Zug Schienenbus der Baureihe VT 98

Wanderung über den Dschungelpfad Ab dem Endbahnhof Volkach-Astheim führt eine ganz besondere Wanderung über den Dschungelpfad. Dieser naturbelassene Wanderweg schlängelt sich zwischen Astheim und Kaltenhausen ganz nah am Main entlang. Dicht bewachsenes Ufer, kreuz und quer wachsende Bäume, wildes Dickicht und die Nähe zum Wasser machen den Reiz des Dschungelpfads aus. Vor allem nach andauernden Regenfällen verwandelt sich der naturbelassene und an einigen Stellen abschüssige Weg in schmieriges Gelände. Am Ende der Wanderung befindet sich in Kaltenhausen ein schöner Biergarten!
Quittenlehrpfad Die Strecke führt auf vier Kilometern durch ein Landschaftsschutzgebiet. Unterwegs können Wanderer die knorrigen Quittenbäume und alten Quittensträucher bestaunen. Anhand von informativen Thementafeln wird dem Besucher an zwölf Stationen Interessantes und Wissenswertes rund ums Thema Quitte vermittelt. Info: www.quittenlehrpfad.de.

STRECKENVERLAUF
Seligenstadt-Mainschleifenbahn – Prosselsheim – Eisenheim – Escherndorf – Volkach-Astheim

◀ Die Züge beginnen nicht direkt am Bahnhof Seligenstadt, sondern 300 Meter daneben.

▶ Der Quittenlehrpfad bietet schöne Landschaft und Informationen zugleich.

5 Elbtalbahn

Unterwegs zwischen Erzgebirge und der Sächsischen Schweiz

Eine landschaftlich äußerst reizvolle Strecke ist die Hauptbahn von Dresden nach Prag im deutschen Abschnitt zwischen Dresden und Schöna. Dort endet auch der deutsche Streckenabschnitt.

Fast 1100 Kilometer lang ist die Elbe, die zwischen Schöna und Hamburg in Deutschland verläuft. Ein richtiges Elbtal gibt es jedoch nur zwischen Pirna und der Tschechischen Republik. Größtenteils verläuft die Elbe durch norddeutsches Tiefland und wenig bergiges Gelände. Gemessen an der Größe ihres Einzugsgebiets von 148 300 Quadratkilometern liegt die Elbe in Europa nach Donau, Weichsel und Rhein an vierter Stelle. Zu den Top-30-Bahnstrecken in Deutschland zählen wir den Abschnitt flussaufwärts von Dresden bis zum Endpunkt der S-Bahn-Linie 1 in Schöna. Auf diesem Abschnitt verkehren neben den S-Bahn-Zügen im Halbstundentakt die stündlichen Fernverkehrszüge von Dresden nach Prag. Zum Einsatz kommen dort klassische Lok-Wagen-Züge als EC und die deutsch-österreichischen RailJet-Züge, die betrieblich mit dem ICE 2 zu vergleichen sind.

Einstieg in Dresden

Zwar besteht der RailJet auch aus einer Lokomotive und Waggons. Diese sind jedoch fest gekuppelt und an einem Zugende befindet sich ein Steuerwagen. Wird mehr als eine Einheit benötigt, hängt man einfach zwei Einheiten zusammen, die dann von einem Lokführer gesteuert werden können. Die Fernverkehrszüge halten nur in Dresden und

◀ Die Dresdner Hofkirche wurde unter Kurfürst Friedrich August II. im Barockstil erbaut.

▶ Markant ragen die Felsen des Sandsteingebirges bei Bad Schandau empor.

Nationalpark Sächsische Schweiz

1. Basteiaussicht

Dieses Felsmassiv bei Rathen ist eines der bekanntesten Naturdenkmäler der Sächsischen Schweiz. Die eigentliche Bastei, die 305 Meter hohe Felskanzel, ragt 194 Meter über die Elbe empor und bietet einen beeindruckenden Landschaftsblick. www.saechsische-schweiz.de

2. Felsenbühne Rathen

Die Naturbühne unterhalb der Bastei wird seit 1936 bespielt – hauptsächlich mit Karl-May-Aufführungen oder Klassikern wie »Der Freischütz« und »Ronja Räubertochter«. 1800 Zuschauer finden in der Felsarena Platz. www.landesbuehnen-sachsen.de

3. Festung Königstein

Die Festung Königstein stellt ein eindrucksvolles Ensemble von Bauwerken der Spätgotik, der Renaissance, des Barock und des 19. Jahrhunderts dar. Die Festung auf dem knapp zehn Hektar großen Fels zählt zu den wehrhaftesten Burganlagen Deutschlands. www.festung-koenigstein.de

4. Schrammsteine

Die Schrammsteine präsentieren sich als eine langgestreckte, urwüchsige, stark zerklüftete Felsgruppe östlich von Bad Schandau. Sie werden unterteilt in Vordere Schrammsteine und in die Hinteren Schrammsteine.

5. Kleine Bastei, Schmilka

Der hoch über der Elbe gelegene Aussichtspunkt an der Kleinen Bastei bietet ein unglaubliches Panorama.

Bad Schandau. Zunächst geht die Fahrt von Dresden Hauptbahnhof relativ reizlos durch die Vororte der Landeshauptstadt. Die Elbe selbst ist zunächst nicht zu sehen. Wer von Berlin/Leipzig über Dresden-Neustadt angereist ist, hat den Fluss aber schon einmal beim Überqueren vor der Stadtkulisse Dresdens gesehen. Der erste wichtige Haltepunkt ist Heidenau. Dort zweigt die einst schmalspurige Müglitztalbahn in Fahrtrichtung rechts nach Kurort Altenberg ab. Bis Pirna ist die Strecke noch viergleisig. Beim Haltepunkt Heidenau-Großsedlitz kommt die Elbe auf der in Fahrtrichtung linken Seite wieder ins Blickfeld. Sie wird die Bahn und uns von nun an begleiten. Schon in Pirna lohnt es sich, auszusteigen. Die reizvolle Altstadt lädt zum Bummeln und Verweilen ein. Zahlreiche gute Gaststätten sorgen für die sichergestellte kulinarische Versorgung. Auf dem von nun an zweigleisigen Abschnitt folgt nach Pirna der Halt in Stadt Wehlen (Sachsen), so der vollständige Name. Das »Stadt« steht auf dem Bahnhofschild, weil es auch Dorf Wehlen

Die reizvolle Altstadt von Pirna lädt zum Bummeln und Verweilen ein.

▼ Bei der S-Bahn Dresden kommen Doppelstockwagen zum Einsatz.

▶ Ein unglaublicher Anblick: Die Bastei im Nationalpark Sächsische Schweiz

gibt. Allerdings ohne Bahnanschluss. 3,2 Kilometer weiter flussaufwärts erreicht die S-Bahn den Haltepunkt Kurort Rathen (Kr. Pirna) mit seiner weltbekannten Bastei. Diese erreicht man vom Bahnhof aus mittels der Personenfähre, ebenso wie die Anlegestelle der Sächsischen Dampfschifffahrtsgesellschaft, die zwischen Dresden und Bad Schandau unter anderem historische Raddampfer einsetzt. Nach dem Halt in Rathen folgt nach wenigen Kilometern in den klimatisierten Doppelstockwagen die Station Königstein mit ihrer von weitem sichtbaren Festung oberhalb der Stadt. Diese ist vom Bahnhof aus zu Fuß oder alternativ mit dem Omnibus erreichbar. Ein Besuch der Festung ist aber im Gegensatz zur Bastei in Rathen nicht kostenfrei. Der dichte Zugverkehr mit langen Güterzügen lastet die Bahnlinie gut aus. Zwischenzeitlich beschallen die Güterzüge auch nicht mehr das ganze Tal, weil die Metallgussbremssohlen der Güterwagen durch Kunststoff-Bremsklötze ersetzt wurden. Auch lärmmindernde Maßnahmen an den Gleisen wurden in den letzten Jahren getroffen. Verschont blieben die Reisenden bislang von Lärmschutzwänden, die vielleicht die Anwohner schützen, aber auch die Aussicht komplett zerstören und das Landschaftsbild stören. Immer wieder sieht man auch nur Lokomotiven ohne Zug durchs Elbtal fahren. Sie haben Güterzüge bis zum Systemwechselbahnhof Schönau gebracht.

Nationalpark Sächsische Schweiz

Dort ändert sich zwar nicht die Spurweite der Gleise, aber das Stromsystem. In Deutschland und Österreich fahren die Züge mit 16 2/3 Hertz bei 15 000 V. In Tschechien sind es 50 Hertz und 25 000 V. Auch die Signalisierung und Zugüberwachung ist unterschiedlich. Deshalb können

ältere Lokomotiven nicht über die Grenze fahren. Es gibt aber zwischenzeitlich auch zahlreiche Lokomotiven, die beide Systeme beherrschen. Hinter Königstein folgt der Bahnhof Bad Schandau. Der »Nationalparkbahnhof« liegt nicht auf der Flussseite der Stadt, sondern ihr gegenüber. Dort zweigt die Nationalparklinie nach Sebnitz von der Elbtalbahn ab. Diese überquert die Elbe auf einer großen Brücke, die man vom Zug aus gut sehen kann. Nach Bad Schandau kommt man zu Fuß über die Straßenbrücke in 30 Minuten oder mit der Flussfähre. Daneben verkehren auch noch Omnibusse. Während die S-Bahn nach Bad Schandau noch zwei weitere Stationen bedient, ist Bad Schandau für die Fernverkehrszüge der Grenzbahnhof zu Tschechien. In Tschechien erfolgt ein Halt erst wieder in Decin (deutsch: Tetschen). Die S-Bahn bedient noch die Bahnhöfe Krippen und Schönau. Unsere Elbtal-Tour ist dort vorbei. Für Radfahrer ist Schöna der ideale Ausgangspunkt für eine Elbtal-Tour flussabwärts.

▲ Von der Bastei aus hat man einen tollen Ausblick ins Elbtal.

▶ Zum Dresdner Striezelmarkt im Dezember kommen zahlreiche Sonderzüge.

Kleine Geschichte der Bahn

Schon bei der Projektierung der ersten deutschen Fernbahn Leipzig – Dresden gab es Pläne, die Strecke später weiter nach Süden fortzusetzen. Im Mai 1840 begannen erste Vermessungsarbeiten an der Trasse im Elbtal. Diese Trassenführung wurde 1842 in einem Staatsvertrag vereinbart. Vertraglich festgeschrieben war eine Fertigstellung der Strecke innerhalb von acht Jahren. 1845 fand auf dem Gelände des heutigen Dresdner Hauptbahnhofes der offizielle Spatenstich statt. 1848 wurde der erste Abschnitt zwischen Pirna und Dresden mit einem Festzug eröffnet. Die Gesamtstrecke Bodenbach

(Decin) – Dresden wurde erstmals 1851 befahren. Nach dem Zweiten Weltkrieg wurde im Lauf des Jahres 1946 der deutsche Abschnitt Schöna – Dresden durchgängig auf ein Gleis zurückgebaut. Die abgebauten Anlagen kamen als Reparation in die Sowjetunion. Ab 1952 stand das wiederaufgebaute zweite Gleis dann wieder zur Verfügung. Bereits seit 1959 verkehren auf der Strecke Doppelstockwendezüge. Inzwischen ist die vierte Generation im Einsatz. 1976 konnte die Elektrifizierung abgeschlossen werden. Schon ab 1991 wurden von der Deutschen Reichsbahn und der Tschechoslowakischen Staatsbahnen (□SD) Zweisystem-Elektroloks beschafft und eingesetzt. Während die deutschen baugleichen Maschinen inzwischen abgestellt sind, trifft man die tschechischen Maschinen noch im Güterzugeinsatz im Elbtal an.

Sehenswertes entlang der Strecke

Die Bastei Die Bastei ist das älteste und wohl auch bedeutendste Touristikzentrum im vorderen Teil der Sächsischen Schweiz. Besonders hier bekommt man einen bleibenden Eindruck von der bizarren Felslandschaft, die schon viele Maler und Dichter, wie z.B. Caspar David Friedrich, inspiriert hat. Die Bastei liegt fast 200 Meter über dem Elbwasserspiegel. Entscheidet man sich für den bequemen Aufstieg, so überquert man die 76 Meter lange, aus Sandstein bestehende »Basteibrücke«, die heute als technisches Denkmal besonders geschützt ist. Die Basteibrücke stellt, früher wie heute, die Verbindung zwischen der Bastei und der Felsenburg Neurathen her. Damals, zu Zeiten des Dreißigjährigen Krieges, 1618 bis 1648, wurden herannahende Angreifer von der Burg Neurathen aus mit zentner-

schweren Steingeschossen beworfen, die dann die Brücke zum Einsturz brachten und die Angreifer in die Tiefe rissen. Einen einzigartigen Blick auf einen Großteil der Vorderen Sächsischen Schweiz, mit Lilienstein, Festung Königstein, Rauenstein, Paffenstein, ... bis in die Böhmische Schweiz und nach Dresden, gewinnt man von der Basteiaussicht, einem Felsvorsprung, der am weitesten in Richtung Elbe hervorragt und die eigentliche Bastei verkörpert. Der Besuch ist kostenfrei. Nach einer Überfahrt mit der Fähre vom Bahnhof Rathen erreicht man die Bastei in rund 30 Minuten zu Fuß.

Festung Königstein Die Festung Königstein ist eine der größten Bergfestungen in Europa und liegt inmitten des Elbsandsteingebirges auf dem gleichnamigen Tafelberg oberhalb des Ortes Königstein am linken Ufer der Elbe im Landkreis Sächsische Schweiz-Osterzgebirge (Sachsen). Sie ist von der Elbe, dem Elbtal und der Bahnlinie nicht zu übersehen. Ein Besuch lohnt sich nicht nur aufgrund der sehr guten Aussicht am Abend (!). Info: 035021 – 64-6 07, www.festung-koenigstein.de.

Sächsische Dampfschifffahrt Von Dresden bis Bad Schandau oder auf Teilstücken kann man die historischen Raddampfer der Sächsischen Dampfschifffahrtsgesellschaft nutzen. Allerdings wird nur noch die »Diesbar« mit Kohle befeuert. Alle anderen Raddampfer werden mit extra leichtem Heizöl befeuert. Es werden 14 Anlegestellen bedient, eine Platzreservierung ist online möglich, aber nicht zwingend erforderlich. Seit 2020 gehört die Betriebsgesellschaft zur River Advice AG aus in Basel. Info: Tel. 0351 – 86 60 90, www.saechsische-dampfschifffahrt.de

STRECKENVERLAUF

Dresden Hbf – Heidenau – Pirna – Obervogelgesang – Stadt Wehlen – Kurort Rathen – Königstein – Bad Schandau – Krippen – Schmilka-Hirschmühle – Schöna

▼ Die Kirschnitztalbahn ist eine der letzten Überlandstraßenbahnen.

▶ Inmitten des Elbsandsteingebirges liegt eine der größten Bergfestungen Europas: die Festungsruine Königstein.

TIPPS & INFOS

MITFAHREN Für die Strecke Dresden – Bad Schandau/Schöna bieten sich idealerweise die halbstündlichen Züge der S-Bahn-Dresden an. Die sind barrierefrei, klimatisiert und sehr komfortabel ausgestattet. Die EC/RJ-Züge halten zwischen Dresden und der Landesgrenze nur in Bad Schandau.

TICKETS Wer mit dem Zug von Dresden nach Bad Schandau/Schöna fahren möchte, kann sich am gesamten Fahrkartenangebot der Deutschen Bahn AG bedienen. Unter www.bahn.de, im Reisezentrum oder am Automaten sind Fahrscheine erhältlich. Mit Nahverkehrszügen und dem Sachsen-Ticket ist man in ganz Sachsen, Sachsen-Anhalt und Thüringen mobil und ohne Zugbindung unterwegs. Das Länderticket ist am Wochenende ganztägig gültig, Montag bis Freitag jedoch erst ab 9 Uhr. Für Einzeltickets und Tageskarten im Elbtal gilt der Tarif des Verkehrsverbundes Oberelbe. Der Vorteil dieser Karten: Sie haben zum Teil auch Gültigkeit auf den Fähren!

ANREISE Ausgangspunkt für eine Fahrt durchs Elbtal ist Dresden Hauptbahnhof. Dresden ist von Berlin und Leipzig sehr gut mit Fernverkehrszügen erreichbar. Schnelle Nahverkehrszüge erreichen die Landeshauptstadt auch von Görlitz, Zwickau und Chemnitz. Seit Elektrifizierung der Bahnlinie zwischen Hof und Reichenbach (Vogtland) ist auch eine Anreise von Nürnberg und Regensburg komfortabel möglich.

AUF EINEN BLICK

Eröffnung 1851

Fahrzeit 56 Min. mit S-Bahn, 25 Min. mit EC zwischen Dresden und Bad Schandau

Streckenlänge 49 Kilometer

Höchstgeschwindigkeit 120 km/h

Spurweite 1435 Millimeter

Zug S-Bahn mit Doppelstockzügen, EC-Züge mit klassischen Waggons

6 Unteres Neckartal

Von Heilbronn durchs Neckartal nach Heidelberg

Viele schöne Bahnlinien in Deutschland verlaufen in Flusstälern. So auch die Neckartalbahn. Dabei gilt es nicht nur Burgen und Schlösser zu entdecken, sondern auch die wunderschöne Landschaft am Rande des Odenwalds zu genießen.

Unsere Reise beginnt in Heilbronn Hauptbahnhof. Kurz hinter dem Bahnhof wird der alte Flusslauf des Neckars überquert, nachdem der Neckarkanal bereits vor dem Hauptbahnhof von der Bahn passiert wurde. Rechts biegen die Gleise der Strecke nach Schwäbisch Hall ab (siehe Schönes Schwaben 3 / 2009). Bis Neckarsulm führt die Strecke nun durch bebautes Gebiet. Danach kommt der Neckar wieder in Sichtweite. Beim Haltepunkt Bad Friedrichshall-Kochendorf ragen links die Anlagen des ehemaligen Salzbergwerks, dem heutigen Besucherbergwerk Salzwelt, auf. Im folgenden Bahnhof Bad Friedrichshall-Jagstfeld verlassen links die Strecke nach Sinsheim und rechts die Gleise nach Würzburg unsere Route. Nach der Jagstbrücke grüßen links die Gemäuer der ehemaligen Kaiserpfalz Bad Wimpfen.

Burgen und Schlösser zuhauf

Hinter Offenau kommt auch der namensgebende Fluss wieder in Sichtweite und mit der Stauferruine Ehrenberg am gegenüberliegenden Ufer beginnt der Streckenabschnitt der Burgen und Schlösser. Das malerische Gundelsheim mit Schloss Horneck und links die Burg Guttenberg lassen keine Langweile im Zug aufkommen, der nun kurz im Tunnel unter dem Michelsberg verschwindet. Nach der Tunnelausfahrt sieht man links den alten Schifferort Haßmersheim, der mittels einer Fähre an den Bahnhof angebunden ist. Bei Neckarzimmern erkennt man rechts oberhalb der Weinberge die alte Götzenburg Hornberg. Nun münden rechts die Gleise der badi-

◀ Im dichten Taktverkehr wird das Neckartal von der S-Bahn Rhein-Neckar bedient.

▶ Zur Heidelberger Stadtansicht gehören die Alte Brücke über den Neckar und das Schloss.

Sehenswertes

1. Heilbronner Marktplatz

Am historischen Marktplatz befinden sich neben der Kilianskirche das auf das 16. Jahrhundert zurückgehende Heilbronner Rathaus mit seiner schmuckvollen astronomischen Uhr. www.heilbronn.de

2. Burg Hirschhorn

Die mittelalterliche Burg Hirschhorn erstreckt sich auf einem Bergsporn oberhalb des Städtchens. In der ummauerten und von Türmen bewehrten Burg sind Bergfried, Palas, Marstall sowie mehrere Tor- und Wirtschaftsgebäude erhalten.

3. Margarethenschlucht, Neckargerach

In der etwa 300 Meter langen Schlucht im Odenwälder Buntsandstein finden sich acht Wasserfallstufen, deren unterste und größte 10 Meter abfällt. Die Wasserfalltreppe ist der höchste Wasserfall im Odenwald. www.neckargerach.de

4. Heidelberger Schloss

Heidelbergs berühmte Schlossruine liegt malerisch am bewaldeten Hang des Königstuhls. Die Anfänge des Heidelberger Schlosses gehen auf eine mittelalterliche Festung zurück, die im 16. und 17. Jahrhundert zu einer Residenz ausgebaut wurde. www.heidelberg.de

5. Philosophenweg, Heidelberg

Der auf einer Anhöhe am Nordufer des Neckars verlaufende Philosophenweg gewährt nicht nur unvergleichliche Ausblicke auf die Stadt und ihr Schloss, sondern lockt auch mit fast schon mediterranem Flair. www.heidelberg.de

schen Odenwaldbahn ein. Der Abzweigbahnhof Mosbach-Neckarelz, der Endpunkt der S-Bahn-Rhein-Neckar, ist erreicht. Weit drüben, hoch über dem Neckar, grüßt Schloss Neuburg herüber. Nach dem Bahnhof Binau wird eine Neckarschleife durch einen Tunnel abgekürzt. Es geht weiter flussabwärts vorbei an Neckargerach, Zwingenberg mit gleichnamiger Burg auf der rechten Seite und Lindach mit der versteckten Ruine Stolzeneck.

▲ Friedliche Flusslandschaft am Neckar bei Heilbronn

► Neckarsteinach ist bekannt für seine vier Burgen: Hinterburg, Mittelburg, Vorderburg und Ruine Schadeck.

Neckarsteinach, die Vierburgenstadt

Vor Eberbach passiert die Strecke erneut einen Tunnel. Hier verlässt die von der Bahngesellschaft VIAS befahrene Odenwaldbahn nach Hanau das Neckartal. Vor Hirschau wird wieder eine Neckarschleife mit einem Tunnel abgekürzt. Nun sind wir im hessischen Hirschhorn mit seiner darüber thronenden Burg. Im folgenden Bahnhof lohnt sich ein Blick zurück! Wir fahren weiter und erreichen das ebenfalls hessische Vierburgenstädtchen Neckarsteinach. Zwei davon, die Vorderburg und die Mittelburg, lassen sich kurz vor der Einfahrt in den Bahnhof linkerhand erspähen. Nun verschwindet die Bahn im Hinterburg-Tunnel. Rechts oben thront die vierte der Steinacher Burgen, die Ruine Schadeck. Am anderen Neckarufer ziehen die bis zur Neckarbrücke hoch auf einem Bergkegel gelegenen Reste der Festung Dilsberg die Blicke auf sich. Nach Überqueren des Flusses folgt der 147 Meter lange Reichenstein-Tunnel, bevor links die Gleise der Badischen Odenwaldbahn einmünden. Neckargemünd ist erreicht. Die Strecke folgt von nun an dem Neckar in Sichtweite, vorbei an Schlierbach mit Blick auf Ziegelhausen am anderen Ufer. Der Ausstieg am folgenden Bahnhof Heidelberg-Altstadt ist ideal für eine Besichtigung der Stadt. Der Zug verlässt mit dem Königstuhltunnel das eigentliche Neckartal. Im Hauptbahnhof Heidelberg, der noch immer den Charme der 50er-Jahre versprüht, endet unsere Bahnreise.

Kleine Geschichte der Bahn

Mit der Eröffnung der badischen Odenwaldbahn vor 150 Jahren begann im unteren Neckartal zwischen Heidelberg und Neckargemünd bereits das Eisenbahnzeitalter. Bis das gesamte Tal erschlossen war, sollte es jedoch noch ein paar Jahre dauern, denn die Bahngleise verließen in Neckargemünd wieder die direkte Route durch das Flusstal. Heute kann man direkt entlang des Wasserwegs fahren. Der Streckenabschnitt zwischen Heidelberg-Altstadt und Neckargemünd ist inzwischen ein Teil der Neckartalbahn. Das war nicht immer so. Albert Zimmermann war viele Jahre lang als Fahrdienstleiter in der Region tätig: »Kaum bekannt ist, dass man ursprünglich von Heidelberg über den Berg nach Mosbach und Heilbronn fahren musste«, erklärt er: »Die direkte Strecke entlang des Flusses wurde erst viel später gebaut, weil die Trasse auf der rechten Talseite zwischen Eberbach und Neckargemünd über hessischen Grund verläuft. Erst nach langen Verhandlungen konnte die Bahn dort gebaut werden«. Etwa zehn Jahre nach der Eröffnung der badischen Odenwaldbahn über Meckesheim und Aglasterhausen konnte, nach Abschluss eines Staatsvertrags mit dem Großherzogtum Hessen, der Bau der direkten Strecke entlang des Neckars begonnen werden. Die erste Probefahrt am 14. Mai 1879 war erfolgreich, sodass bereits zehn Tage später, am 24. Mai 1879, die Strecke offiziell in Betrieb genommen werden konnte. »Schnell wurden die direkten Züge zwischen Heidelberg und Würzburg von der umständlichen Bergstrecke auf die

kürzere Talstrecke verlegt, was dazu führte, dass die Linie zwischen Meckesheim und Mosbach massiv an Bedeutung verlor und nach dem Zweiten Weltkrieg eingestellt wurde«, so Zimmermann weiter. Große Veränderungen an der Neckartalbahn gab es in Heidelberg 1955 mit der Eröffnung des neuen Hauptbahnhofs. In diesem Zusammenhang wurde die Strecke ab dem Haltepunkt Heidelberg-Karlstor, heute Heidelberg-Altstadt, verlegt und nutzte fortan den Königstuhltunnel. Die alten Eisenbahn-Tunnelröhren von 1862 im Heidelberger Stadtgebiet und das alte Bahnhofsareal dienen heute dem Straßenverkehr. Für die zahlreichen Sonderzüge nach Heidelberg-Karlstor wurde der Abschnitt zwischen dem Hauptbahnhof und der zentral an der Altstadt gelegenen Station gleich im Rahmen des neuen Bahnhofs elektrifiziert. Aber erst ab 1972 war ein durchgehend elektrischer Betrieb auf der ganzen Linie zwischen Heilbronn und Heidelberg möglich. Große Schwierigkeiten bei der Elektrifizierung ergaben sich in den Tunneln, da dort das geforderte Lichtraumprofil nur durch Absenken der Tunnelsohle zwischen

Am anderen Neckarufer ziehen die Reste der Festung Dilsberg die Blicke auf sich.

▼ Die Haltestellen sind alle barrierefrei, sodass ein Zustieg sehr leicht möglich ist.

▶ Die Burg Guttenberg am Morgen - ein mystischer Anblick

0,4 und 0,55 Metern erzielt werden konnte. Seit der Elektrifizierung wird im Neckartal elektrisch gefahren. Das Kohlekraftwerk Mannheim und das Kernkraftwerk in Neckarwestheim lieferten den benötigten Strom. »Nur die Eilzüge über den Odenwald nach Frankfurt wurden noch jahrelang mit Dieselloks bespannt. In Heilbronn haben die abgekuppelt. Später sind sie durchgefahren bis Stuttgart Hauptbahnhof«, erinnert sich der ehemalige DB-Lokführer Oliver Haug: »Auf einer Mitfahrt zur Streckenkunde erzählte mir ein älterer Lokführer, dass er gerne einmal alle Burgen und Ruinen angucken würde, die an den Hängen kleben, sobald er einmal in Rente sei. Ob er das geschafft hat? Das Tal ist aber auch zum Radeln wunderschön.« Während die Radler die Fahrt durchs Neckartal wirklich genießen können, müssen Bahnreisende heute mit den Triebwagen der Baureihe 425 vorliebnehmen, die sich besonders durch den fehlenden Fahrkomfort auszeichnen. Für die Strecke Osterburken – Homburg benötigt man heute durchs Neckartal mit der S1 drei Stunden und 38 Minuten. Wehmütig denkt man dabei an die bequemen Eilzüge der Bundesbahn zurück.

Sehenswertes entlang der Strecke

Burg Guttenberg Hoch über dem Neckartal thront die Burg Guttenberg. Auch wenn man im ersten Moment an den ehemaligen Bundesminister der Verteidigung, Karl-Theodor zu Guttenberg denkt, so hat die Burg außer ihrem Namen nichts mit dem ehemaligen Minister gemein. Sie ist eine spätmittelalterliche Burg über dem kleinen Ort Neckarmühlbach. Die Burganlage wird von der Familie des Bernolph Freiherr von Gemmingen-Guttenberg bewohnt und beherbergt unter an-

▲ Im NSU-Museum gibt es allerhand zweirädrige Gefährte zu sehen.

► Einzelne Schlösser lassen sich auch besichtigen.

derem die Deutsche Greifenwarte sowie ein Burgmuseum und ein Restaurant. Das Museum hat im Sommerhalbjahr täglich von 10 bis 18 Uhr geöffnet. Führungen sind nach Absprache ganzjährig möglich. Vom Bahnhof Gundelsheim (Neckar) aus ist die Burg in rund 45 Minuten bequem zu erreichen. Info: Tel. 06266 – 388, www.burg-guttenberg.de

Burgfeste Dilsberg Die Bergfeste Dilsberg ist eine hochmittelalterliche Bergfeste, die vom Bahnhof Neckarsteinach erwandert werden kann. Der schmale Fußweg führt zunächst über die Neckarschleuse und anschließend steil bergan, sodass etwas Kondition von großem Vorteil ist. Dilberg liegt auf 288 Meter über NN und war Bestandteil der Wehranlagen der Kurpfalz. Info: www.burgfeste-dilsberg.de

NSU-Museum Neckarsulm Unmittelbar am Haltepunkt Neckarsulm-Mitte befindet sich das Deutsche Zweirad und NSU-Museum Neckarsulm. Ob Fahrrad, Quickly oder Ro80 – hier wird die Geschichte der NSU-Werke lebendig. Ein Besuch lohnt sich nicht nur für eingefleischte Motorrad- und Oldtimerfreunde, denn das Museum zeigt auch die geschichtliche Entwicklung der Mobilität bis zum heutigen Tag. Das eigentliche Werk gibt es auch heute noch. Es gehört allerdings zur VW-Tochter Audi, die u.a. aus den NSU-Werken hervorging. Info: Tel. 07132 – 35-271, www.zweirad-museum.de

STRECKENVERLAUF

Heilbronn – Neckarsulm – Neckarsulm-Mitte – Bad Friedrichshall-Kochendorf – Bad Friedrichshall Hbf – Offenau – Gundelsheim – Haßmersheim – Neckarzimmern – Mosbach-Neckarelz – Binau – Neckargerach – Zwingenberg – Lindach – Eberbach 21,2 – Hirschhorn – Neckarhausen – Neckarsteinach – Neckargemünd-Altstadt – Neckargemünd – Schlierbach-Ziegelhausen – Heidelberg-Altstadt – Heidelberg

TIPPS & INFOS

MITFAHREN Von Heilbronn gibt es einen durchlaufenen Regionalexpress (RE) durchs Neckartal. Allerdings muss man achtgeben, dass dieser nicht ab Bad Friedrichshall Hbf über Bad Rappenau/Sinsheim verkehrt, denn zum Neckartal gibt es eine alternative Bahnstrecke, die ebenfalls dicht befahren wird. Neben dem direkten RE verkehren S-Bahnen mit Umstieg in Mosbach-Neckarelz durchs Neckartal

TICKETS Das Baden-Württemberg-Ticket ist das ideale Ausflugsticket für eine Gruppe mit bis zu fünf Personen. Das Ticket ist an allen Fahrkartenautomaten erhältlich. Gültig ist es Montag bis Freitag ab 9 Uhr in allen Nahverkehrszügen, Bussen und Straßenbahnen in Baden-Württemberg. Am Wochenende gilt das Baden-Württemberg-Ticket ohne Zeitbeschränkung. Wer nur zwischen Heidelberg und Bad Friedrichshall-Jagstfeld unterwegs ist kann eine Fahrkarte des Verkehrsverbundes Rhein-Neckar erwerben, obwohl der VRN bereits in Haßmersheim endet. Für die Strecke Haßmersheim – Jagstfeld gilt jedoch der Übergangstarif des Heilbronn-Hohenloher-Nahverkehrsverbundes. Zusätzlich sind alle DB-Fahrkarten in den Zügen gültig. Innerhalb von Baden-Württemberg kommt der preisgünstige BW-Tarif zur Anwendung.

ANREISE Ideale Startpunkte für eine Fahrt durchs Neckartal sind die Bahnhöfe Heilbronn und Heidelberg. Heilbronn ist mit Direktzügen von Karlsruhe, Stuttgart und Schwäbisch-Hall angebunden, Heidelberg von Mannheim, Frankfurt, Karlsruhe und Darmstadt.

AUF EINEN BLICK

Eröffnung 1879
Fahrzeit RE: 63 Minuten, S-Bahn: 97 Minuten
Streckenlänge 78 Kilometer
Tunnelanzahl 8, der Königstuhltunnel ist mit 2487 Metern der längste
Spurweite 1435 Millimeter
Zug S-Bahn Karlsruhe und Rhein-Neckar-S-Bahn sowie Regional-Express (RE)

7 Durch den Odenwald

Mit dem VIAS-Zug unterwegs zwischen Eberbach und Hanau

Eine ziemlich unbekannte, aber wunderschöne Strecke ist die Odenwaldbahn. Sie führt von Eberbach nach Hanau. Auf der Strecke gibt es nur Nahverkehrszüge im 2-Stunden-Takt mit Verstärkerzügen auf dem nördlichen Abschnitt.

Seit dem Fahrplanwechsel im Dezember 2005 wird der Personenverkehr auf der Odenwaldbahn zwischen Eberbach und Hanau/Frankfurt vom Eisenbahnverkehrsunternehmen VIAS GmbH betrieben. Vorher wurden die Züge klassisch von der Deutschen Bahn AG betrieben, die jedoch dem neuen Betreiber in puncto Kosten unterlag. Zum Einsatz kommen zweiteilige Dieseltriebzüge vom Typ Itino von Bombardier Transportation. Diese Fahrzeuge wurden nur in einer Kleinserie beschafft. Die Odenwaldbahn ist die einzige Strecke in Deutschland, die mit diesen Fahrzeugen betrieben wird. Ursprünglich entwickelt wurde das Fahrzeug von ABB/Henschel/Adtranz als Ergänzung zum erfolgreichen RegioShuttle-Triebwagen. Aufgrund der Länge der Bahnsteige können maximal drei Einheiten zusammengekuppelt fahren. Wir fahren mit der Odenwaldbahn von Eberbach nach Norden.

Zunächst immer am Neckar entlang

Eberbach liegt eingebettet im Neckartal und an der Strecke zwischen Heilbronn und Heidelberg, die durchgehend dem Neckar folgt (s. Seite 52 ff). In Eberbach zweigt die Odenwaldbahn westwärts von der Neckartalbahn ab und läuft in einem Rechtsbogen unmittelbar in das Ittertal ein. Sie umfährt zunächst den noch im Stadtgebiet von Eberbach lie-

◀ Ab Babenhausen beginnt die Fahrt in den Odenwald.

▶ Im gesamten Ort Eberbach finden sich zahlreiche historische, aber auch moderne Brunnen.

Sehenswertes

1. Pulverturm Eberbach

Der aus dem 13. Jahrhundert stammende Turm steht an der Nordwestecke der historischen Stadtbefestigung. Während der Sommermonate ist die Turmspitze mit weitem Blick ins Neckartal und auf die Dächer der Altstadt zu besichtigen. www.eberbach.de

2. Beerfelder Galgen

Der Galgen von Beerfelden ist einer der ältesten und besterhaltenen im Bundesgebiet. Drei schlanke Rotsandsteinsäulen von ungefähr 5 Meter Höhe, in einem Dreieck aufgestellt, bildeten das Hochgericht der Oberzent unter der Herrschaft der Grafen von Erbach. www.stadt-oberzent.de

3. Michelstädter Fachwerk-Rathaus

Von unbekannten Baumeistern wurde es 1484 im Stil der Spätgotik errichtet. Das Erdgeschoss des Rathauses diente von Beginn an als Markthalle. www.michelstadt.de

4. Deutsches Goldschmiedehaus, Hanau

Das Deutsche Goldschmiedehaus, ein Fachwerkbau im Stil der Spätrenaissance, befindet sich im Herzen Hanaus am Altstädter Markt. Heute wird das ehemalige Rathaus als Museum für die Gold- und Silberschmiedekunst genutzt. www.goldschmiedehaus.com

5. Nationaldenkmal der Gebrüder Grimm, Hanau

Seit 1896 steht das Denkmal zu Ehren der Universalgelehrten Jacob und Wilhelm Grimm in deren Geburtsort Hanau. Nach einer in Hanau verbreiteten Sage tauschen die Brüder jeweils um Mitternacht heimlich ihre Plätze. www.hanau.de

genden Ohrsberg. Am Fuße des Katzenbuckels erreicht man Gaimühle und damit, neben dem Übertritt ins Hessische, auch den westseitigen Talhang, der zur stetigen Höhengewinnung über dem Talboden genutzt wird. Ein erster Höhepunkt ist die Überfahrt über das Haintal-Viadukt kurz vor dem Bahnhof Hesseneck-Kailbach. Bei Schöllenbach weicht die Linie nach Nordwesten im Seitengraben des Schöllenbachtals ab, um im gleichnamigen Scheiteltunnel unter dem Krähberg das Mümlingtal bei Hetzbach zu erreichen. Nach dem Bahnhof Hetzbach folgt das größte Viadukt der Odenwaldbahn, nämlich das Himbächelviadukt mit einer sehr guten Aussicht auf die typische Landschaft des Odenwalds. Weiter in Osthanglage verliert die Trasse Höhe bis Erbach. Dort wird erstmals der Talgrund erreicht. In Höchst im Odenwald verlässt die Bahnlinie das Müm-

Eberbach liegt eingebettet im Neckartal zwischen Heilbronn und Heidelberg.

▼ Mehrere Viadukte werden bei der Fahrt mit der Odenwaldbahn passiert.

◀ Herausragend: Das Himbächel Viadukt ist ca. 43m hoch.

▶ Schloss Steinheim mit seinem markanten klassizistischen Turm befindet sich in der Hanauer Altstadt.

lingtal in Richtung Westen und passiert nach kurzem Anstieg im Frau-Nauses-Tunnel den letzten Kamm zum welligen Vorland des Odenwalds. Bergab geht es bis zum Abzweigbahnhof Bahnhof Groß-Umstadt Wiebelsbach. Dort verzweigen sich die Bahnlinien. Eine Strecke führt westwärts in Richtung Darmstadt. Wir folgen aber den Gleisen nach Norden. Der landschaftlich spannendste Teil der Strecke ist allerdings nun vorbei. Durch das auslaufende Hügelland geht die Reise recht unspektakulär bis nach Babenhausen und von dort weiter fast geradlinig nordwärts. Nun wird die Gersprenz-Niederung durchfahren. Wenige Kilometer vor Hanau folgt die Untermainebene, die uns bis zum Endpunkt Hanau Hauptbahnhof begleitet. In Hanau bestehen Anschlussverbindungen in alle Himmelsrichtungen. Auch der ICE hält dort an und ermöglicht überregionale Verbindungen. Der Bahnhof von Hanau ist bahnbetrieblich etwas Besonders: Er ist in zwei Teile geteilt. Der südliche Teil des Regionalverkehrs besitzt noch mechanische Stellwerke und Signale, während der nördliche Teil schon modernisiert wurde. Die »Odenwald« ist übrigens ein Kulturdenkmal. Sie ist beson-

ders in ihrem südlichen Teil landschaftlich sehr reizvoll: Zwischen Erbach und Eberbach handelt es sich um eine Gebirgsstrecke mit zahlreichen Kunstbauten. Das Himbächelviadukt mit einer Gesamtlänge von 250 Metern und einer Maximalhöhe von 40 Metern über Terrain, das Haintalviadukt mit einer Länge von 173 Metern sowie zwei 60 Meter lange weitere Viadukte über den Rindengrund und das »kurze Tal« sind dabei die eindrucksvollsten Viadukte und Brücken. Die Strecke weist drei Tunnel auf: Den 240 Meter langen Engelbergtunnel bei Reinheim, den 1205 Meter langen Frau-Nauses-Tunnel und den Krähbergtunnel (3100 Meter), der zugleich der längste eingleisig befahrene Tunnel Deutschlands ist.

Im oberen Mümlingtal beträgt die Maximalsteigung 1:70 sowie der kleinste Kurvenradius 300 Meter. Die technisch aufwendige Bahn in eindrucksvoller Landschaft war von Anfang an eine touristische Attraktion. Das Stellwerk Reinheim Rf ist 2008 vom Verein Museumsstellwerk Reinheim übernommen

▲ Die Stadt Erbach ist wunderbar grün im Sommer.

▶ In Hesseneck-Kailbach halten so wenige Züge, dass man aufs Fahrrad umsteigen sollte.

und restauriert worden, um ein Museum für Stellwerks- und Signaltechnik einzurichten. Im Bahnhof Erbach wurden 1995 ein Wassertank und der zugehörige Wasserkran betriebsfähig restauriert, sodass hier Dampflokomotiven entsprechender Sonderzüge historisch korrekt mit Wasser versorgt werden können.

Kleine Geschichte der Bahn

Im September 1868 begannen die Bauarbeiten an dem 1205 Meter langen Frau-Nauses-Tunnel zwischen Wiebelsbach und Höchst im Mümlingtal. Der Streckenzweig zwischen Hanau Hauptbahnhof und Wiebelsbach-Heubach wurde zwischen Babenhausen und Wiebelsbach-Heubach in zwei Segmenten 1870 eröffnet. Der Abschnitt zwischen Hanau und Babenhausen folgte erst 1882. Für die Strecke, die in ihrem südlichen Abschnitt auch im Großherzogtum Baden lag, erhielt die Hessische Ludwigsbahn 1875 die hessen-darmstädtische Konzession, der badische Streckenteil war durch einen Staatsvertrag der beiden Großherzogtümer 1874 abgesichert.

1882 wurde der Abschnitt Erbach – Hetzbach, also die Strecke bis unmittelbar an die Baustelle des Krähbergtunnels, eröffnet. Kurz danach folgte der Abschnitt Hetzbach – Kailbach, der auch den Krähbergtunnel einschließt. Das letzte Teilstück zwischen Kailbach und Eberbach wurde auch 1882 zunächst für den Personenverkehr und fünf Tage später für den Güterverkehr eröffnet, womit die Odenwaldbahn auf ihrer ganzen Länge befahrbar war. In den Siebzigerjahren des 20. Jahrhunderts begannen an der Odenwaldbahn Rückbaumaßnahmen in großem Umfang.

Wenig Zugverkehr auf der Bergstrecke

Zahlreiche Haltepunkte wurden nicht mehr bedient und aufgegeben. Bahnhöfe wurden zu Haltepunkten zurückgebaut. Zwischen Erbach und Eberbach gibt es seither auf 30 Kilometern keine Kreuzungsmöglichkeit mehr, wodurch die Zugdichte auf der Strecke stark herabgesetzt ist. Die Anschlussbahnen wurden stillgelegt. Zeitweise wurde sogar erwogen, die Bergstrecke zwischen Erbach und Eberbach komplett aufzugeben.

Sehenswertes entlang der Strecke

Deutsches Elfenbeinmuseum Erbach Das Deutsche Elfenbeinmuseum befindet sich in den einstigen Wirtschaftsräumen des Erbacher Schlosses. Auf einer Fläche von 450 Quadratmetern haben Besucher die Möglichkeit, zahlreiche liebevoll angefertigte Elfenbeinfiguren zu bestaunen. In der Ausstellung ist die europäische Elfenbeinkunst vom Mittelalter bis zur Gegenwart ebenso vertreten wie Schnitzereien aus Grönland, Asien und Afrika. Als Schwerpunkt des Museums gelten jedoch die Arbeiten der Odenwälder Elfenbeinschnitzer des 19. und 20. Jahrhunderts. Die Ausstellung informiert auch über die Werkzeuge, Materialien und Techniken, die in der Schnitzkunst angewandt werden. Marktpl. 7, 64711 Erbach, Tel. 06062 – 80 93 60, www. elfenbeinmuseum.de

Altes und neues Schloss in Bad König Das alte und neue Schloss Bad König befindet sich im Zentrum von Bad König. Es handelt sich um einen Gebäudekomplex, der sich aus dem Alten Schloss, dem Neuen Schloss, der heutigen Evangelischen Kirche mit mittelalterlichem Wehrkirchhof, der Rentmeisterei und dem Lustgarten zusammensetzt. Das Alte Schloss wurde Vermutungen zufolge um 1556 errichtet. Das Neue Schloss wurde von 1792 bis 1793 nach den Vorlagen von Franz Ludwig von Cancrin westlich des Alten Schlosses erbaut. Das zweistöckige barocke Bauwerk verfügt über ein Mansarddach und ein mittig gelegenes Zwerchhaus. Sehr sehenswert ist vor allem die im Inneren gelegene Holztreppe, die von dem Zimmermann Schillinger gestaltet wurde.

Zweigeteiltes Dorf Badisch Schöllenach und Schöllenbach werden nur durch den Schöllbach getrennt. Alles klar? Wer sich diese Kuriosität einmal live anschauen möchte,

▼ Das Schloss Philippsruhe in Hanau umgeben Orangerie, Belvedere und Skulpturenpark.

▶ Die historische Bahnsteigbeleuchtung in Schöllenbach-Hesselbach ist einmalig in Deutschland.

sollte am Haltepunkt Schöllenbach aussteigen. Mitten durch den Ort führt die Landesgrenze zwischen Baden-Württemberg und Hessen. Wie gut, dass die Grenze seit vielen Jahrzehnten nicht mehr wirklich eine Bedeutung hat, denn dem Ort hätte es auch gehen können wie Mödlareuth zwischen Thüringen und Bayern.

STRECKENVERLAUF

Eberbach – Hesseneck-Kailbach – Hesseneck-Schöllenbach – Beerfelden-Hetzbach – Erbach – Erbach-Nord – Michelstadt – Bad König-Zell – Bad König – Höchst Mümling-Grumbach – Höchst – Höchst-Hetschbach – Groß-Umstadt-Wiebelsbach – Groß-Umstadt-Mitte – Groß-Umstadt-Klein-Umstadt – Babenhausen-Langstadt – Babenhausen – Mainhausen-Zellhausen – Seligenstadt – Hainburg-Hainstadt – Hanau

TIPPS & INFOS

MITFAHREN Normalerweise kann man ohne Fahrplan bzw. elektronische Fahrplanauskunft aus dem Haus gehen. Bei der Odenwaldbahn ist jedoch ein Blick auf den Fahrplan sehr empfehlenswert, weil die Züge nur alle zwei Stunden verkehren.

TICKETS Wer mit dem Zug von Eberbach nach Hanau fahren möchte, kann sich am gesamten Fahrkartenangebot der Deutschen Bahn AG bedienen. Unter www.bahn.de, im Reisezentrum oder am Automaten sind Fahrscheine erhältlich. Mit dem Hessen-Ticket ist man mobil und ohne Zugbindung unterwegs. Das Baden-Württemberg oder Bayern-Ticket sind auf der Strecke nicht gültig. Die Ländertickets sind Sa/So ganztägig gültig, Mo – Fr jedoch erst ab 9 Uhr.

ANREISE Als Startbahnhöfe für die Odenwald-Tour eignen sich nicht nur Eberbach und Hanau, sondern auch Babenhausen oder Wiebelsbach-Heubach.

AUF EINEN BLICK

Eröffnung Ab 1840 bis 1854
Fahrzeit 146 Minuten
Streckenlänge 88 Kilometer
Höchstgeschwindigkeit 120 km/h
Antrieb Diesel
Züge VIAS-Rail (VIA)

8 Durch den Pfälzerwald

Von Mannheim über Ludwigshafen und Kaiserslautern nach Saarbrücken

Von internationaler Bedeutung ist die Strecke Saarbrücken – Mannheim, weil neben Güterzügen auch ICE und TGV nach Paris diesen Abschnitt befahren. Bleibt die Frage, wie in Deutschland die Verkehrswende mit über 150 Jahre alten Bahntrassen gemeistert werden soll.

Wir fahren mit dem TGV von Mannheim nach Saarbrücken. Der TGV ist der französische Hochgeschwindigkeitszug, das Gegenstück zum deutschen ICE. In Frankreich gibt es seit 1981 Hochgeschwindigkeitsverkehr, zehn Jahre eher als in Deutschland. Allerdings war das Konzept ursprünglich auch komplett unterschiedlich. Der deutsche ICE sollte luxuriöses Reisen ermöglichen, eng in der Tradition der deutschen Schnellzüge wie dem Fliegenden Hamburger, dem Henschel-Wegmann-Zug oder später dem TEE oder IC. In Frankreich legte man auf Luxus weniger wert, der Zug sollte für die Massen sein. Wie beim Vergleich eines Mercedes W123 mit einem Citroën CX geht es dem Fahrgast auch beim Vergleich TGV/ICE. Im TGV sitzt man enger, dafür wie am Sofa, leider ohne Speisewagen, nur mit Bar, während der ICE unbequemere Sitze hat. Dafür gibt es ein sehr elegantes Innendesign. Auf der Strecke Mannheim – Saarbrücken hat man die Qual der Wahl zwischen beiden Zügen.

Von Mannheim nach Ludwigshafen

Die Fahrt beginnt, die Gleise steigen leicht an. Rechts wird das Mannheimer Schloss passiert. Wenige Meter später ist der Zug auch schon auf der Rheinbrücke und in wenigen

◀ Auch der französische TGV nutzt die Altbaustrecke durch den Pfälzerwald.

▶ Diese Turmuhr zur Wasserstandsmessung am Rhein steht in Ludwigshafen.

Sehenswertes

1. Wasserturm, Mannheim

Der 1886 fertiggestellte Wasserturm ist nicht nur das Wahrzeichen Mannheims, sondern auch einer der schönsten europäischen Jugendstiltürme. www.mannheim.de

2. Schloss Mannheim

Das Schloss Mannheim ist nach Versailles die größte barocke Schlossanlage in Europa. Beim Bau wurde darauf geachtet, dass es exakt ein Fenster mehr besitzt als das Schloss in Versailles. Erbaut wurde das Mannheimer Schloss unter der Regentschaft der Kurfürsten Karl Philipp und Karl Theodor in drei Bauperioden zwischen 1720 und 1760. www.schloss-mannheim.de

3. Pegelturm, Ludwigshafen

Der Pegelturm wurde um 1900 nach Plänen des königlichen Straßen- und Flussbauamtes errichtet. Die Messeinrichtung zur Bestimmung des Rheinwasserstandes ist intakt und funktionsfähig erhalten. www.ludwigshafen.de

4. Spinnrädl, Kaiserslautern

Das historische Gasthaus Spinnrädl in Kaiserslautern wurde 1742 zum ersten Mal im Planbuch erwähnt. Es ist eines der ältesten erhaltenen Fachwerkhäuser der Stadt. www.spinnraedl.de

5. Schlossberg, Homburg

Die bedeutendsten Sehenswürdigkeiten Homburgs bietet der Schlossberg. Auf dem bewaldeten Gipfelplateau erstrecken sich weithin Bastionen, Zisternen, Treppen und Kellergewölbe.

Sekunden bereits im pfälzischen Ludwigshafen, das mit seinen Hochstraßen und dem Bahnhof im Stil des Brutalismus wie aus einer längst vergangenen Zeit wirkt. Der Zug durchfährt den Hauptbahnhof unten und die Anlagen des Güterbahnhofs. Nun kommen bereits die ersten landwirtschaftlich genutzten Felder ins Blickfeld.

Schnelle Ortsumfahrung

Die guten Schwemmböden hier in der Vorderpfalz sind ideale Landwirtschafsflächen, die aber leider aufgrund riesiger Industrie- und Siedungsgebiete weniger werden. Wir durchfahren nun Limburgerhof. Dieser Ort ist überregional durch das BASF-Agrarzentrum Limburgerhof bekannt, das bereits 1914 gegründet wurde und als Versuchszentrum für chemische Produkte in der Landwirtschaft genutzt wird. Nun folgt eine Eisenbahn-Ortsumfahrung, nämlich die Neubaustrecke bei Schifferstadt. Während die S-Bahn den ortsnahen Bahnhof anfährt, wird der überregionale Verkehr auf dieser Strecke abgewickelt, die deutlich schneller befahren werden kann. Wenige Kilometer hinter Haßloch sind die

▼ Die »Berg« ist eine der ältesten Dampfloks im Eisenbahnmuseum Neustadt (Weinstraße).

▶ Das Modell der Stadt Ludwigshafen steht im Stadtmuseum und zeigt den alten Hauptbahnhof.

ersten Weinreben rechts der Bahn zu sehen. Neustadt (Weinstraße) ist nicht mehr weit. Ab dort verändert sich die Landschaft radikal: Wir sind im Pfälzerwald angekommen und durchfahren den schönsten Streckenabschnitt der Reise.

Es folgen zahlreiche Tunnel, da die Bahn zwar einem Flusstal folgt, aber die Schleifen immer wieder abgekürzt werden. Besonders schön ist es um Frankenstein mit der gleichnamigen Burg, die man auf der linken Seite deutlich erkennen kann. Dorthin lohnt sich auch einmal ein Ausflug mit der Rhein-Neckar-S-Bahn, denn der Wanderweg zur Burg beginnt direkt am Bahnsteig. In Hochspeyer wird das Tal wieder etwas weiter, ehe es in einen Tunnel geht. Der Heiligenberg-Tunnel ist der längste von insgesamt zwölf Tunneln auf der aus der Pfälzischen Ludwigsbahn hervorgegangenen Bahnstrecke Mannheim–Saarbrücken und zugleich der längste in der Pfalz.

Der Tunnel kreuzt die Pfälzische Hauptwasserscheide. Unmittelbar vor Kaiserslautern zweigt die Alsenztalbahn nach Norden ab. Direkt gegenüber dem Bahnhof Kaiserslautern auf dem Betzenberg liegt das Fritz-Walter-Station. Nach dem großen Bahnhof folgt der kleine Haltepunkt Kaiserslauter Pfaff-Werk, der direkt an den größtenteils leerstehenden Fabrikhallen der ehemaligen Nähmaschinenfabrik Pfaff liegt. Durch dicht besiedeltes Gebiet verläuft die Bahnstrecke weiter. Links wird das ehemalige Ausbesserungswerk Kaiserslautern der Bahn passiert, das, inzwischen privatisiert, als Railmaint GmbH firmiert. Dort werden hauptsächlich

Die guten Schwemmböden hier in der Vorderpfalz sind ideale Landwirtschaftsflächen.

Güterwagen repariert und ausgebessert. Bevor wir Kaiserslautern verlassen, tangieren wir rechts noch das Opel-Werk und links die

▲ Vor 50 Jahren war der neue Hauptbahnhof von Ludwigshafen sehr modern.

▶ In Homburg sind die Schlossberghöhlen ebenfalls einen Besuch wert.

Reste des Rangierbahnhofs Einsiedlerhof. Nun verlassen wir den Pfälzerwald und fahren durch die Westpfälzische Moorniederung über Landstuhl. Kurz vor Hauptstuhl führt die Strecke entlang einer unter Naturschutz stehenden Nasswiese. Im Norden verläuft die Autobahn A6 parallel zur Strecke. Nachdem sie den Bahnhof Bruchmühlbach-Miesau sowie die inzwischen demontierte Überleitstelle Vogelbach passiert hat, überschreitet sie die Landesgrenze zwischen Rheinland-Pfalz und dem Saarland.

Besonders schön ist es um Frankenstein mit der gleichnamigen Burg.

Nun folgt als nächste größere Stadt Homburg. Dort enden auch die S-Bahn-Züge der Rhein-Neckar-S-Bahn. Die historische Ludwigsbahn, der wir bisher gefolgt sind, trennt sich nun von der heutigen Magistrale und schwenkt nach Norden Richtung Neunkirchen (Saar) aus. Parallel zur Strecke passieren wir nun den ehemaligen Zollbahnhof Homburg (Saar) West, der aus der Zeit des Versailler Vertrags stammt, als das Saargebiet eigenständig war. Nun verläuft die Bahnlinie entlang des Sankt Ingbert-Kirkeler Waldgebiets. Anschließend erreicht sie über Limbach und Kirkel den Bahnhof Rohrbach. Dort mündet von Südosten kommend die Strecke von Landau ein. Kurz zuvor unterqueren wir noch die Autobahn A8. Das nun folgende Tal ist dicht besiedelt. Nun ist es nicht mehr weit, bis wir unseren Endbahnhof, den Hauptbahnhof von Saarbrücken, erreichen. Der TGV wie auch die meisten ICE-Züge verkehren von dort weiter nach Paris.

Kleine Geschichte der Bahn

Bahngeschichtlich betrachtet ist die Strecke von Mannheim nach Saarbrücken ein Konglomerat unterschiedlicher Strecken, da vor allem die ehemalige bayerisch-preußische Staatsgrenze und später die Interessen der Orte entlang der Blies und des Würzbachs die kürzeste Verbindung zwischen Homburg und Saarbrücken verhinderten. Aus diesen Gründen wurde die Gesamtstrecke in ihrer jetzigen Form erst 1905 vollendet. Keimzelle der Strecke ist die von 1847 bis 1849 schrittweise eröffnete Pfälzische Ludwigsbahn Ludwigshafen – Bexbach, die bis Homburg durch die heutige Direktverbindung genutzt wird.

Doch nicht nur die damaligen Ländergrenzen waren ein Problem. Die Abtrennung des Saarlandes nach dem Ersten und Zweiten Weltkrieg führten beim durchgängigen Bahnbetrieb auch zu Komplikationen. 1969 wurde der neue Hauptbahnhofhof als Durchgangsbahnhof in Ludwigshafen eröffnet und der alte stadtnahe, aber betrieblich aufwendige Kopfbahnhof stillgelegt. Über die Jahre folgten weitere Ausbauten und Modernisierungen. Die größte Baumaßnahme war dabei die Neubaustrecke zur Umfahrung von Schifferstadt sowie die Absenkung der Gleise im Heiligenberg-Tunnel. Mit der Inbe-

triebnahme der S-Bahn Rhein-Neckar wurden zahlreiche neue Haltepunkte reaktiviert oder sogar neu errichtet.

Sehenswertes entlang der Strecke

Unterirdische Kasematten Es gibt vermutlich nicht viele Städte in Deutschland, die eine 500-jährige unterirdische Burganlage vorzuweisen haben. Um Saarbrücken von unten zu erleben, ist der Abstieg unter den Schlossplatz nötig. Das Historische Museum neben dem Schloss dient als Pforte zur Saarbrücker Unterwelt. Und schon wird es ein paar Grad kühler. Historisches Museum Saar, Schlosspl. 15, 66119 Saarbrücken, Tel. 0681 – 506 45 06, www.historisches-museum.org.

Technoseum Mannheim Das Museum bietet Anschauungsmaterial zur Industrialisierung des deutschen Südwestens in Geschichte und Gegenwart. Zudem ermöglichen über 100 Experimentierstationen den Besuchern, interaktiv und spielerisch naturwissenschaftliche und technische Zusammenhänge zu verstehen. Technoseum, Museumsstr. 1, 68165 Mannheim, Tel. 06219 – 429 89, www.technoseum.de.

Stadtmuseum Ludwigshafen Das Museum der Stadt Ludwigshafen am Rhein besteht seit 1904 und befindet sich seit 1984 im Rathaus-Center. Die Schausammlung des Museums thematisiert schlaglichtartig die Geschichte der jungen Industriestadt. Rathauspl. 20, 67059 Ludwigshafen am Rhein Tel. 0621 – 504 25 80, www.ludwigshafen.de/lebenswert/stadtmuseum/

STRECKENVERLAUF

Mannheim – Ludwigshafen-Mitte – Ludwigshafen – Neustadt (Weinstraße) – Lambrecht – Frankenstein – Hochspeyer – Kaiserslautern – Landstuhl – Homburg – Rohrbach – Saarbrücken

▼ Die Kasematten in Saarbrücken bilden die Unterwelt der Stadt.

▶ Der Ausblick von Burg Frankenstein ist den Aufstieg vom Bahnhof aus wert.

TIPPS & INFOS

MITFAHREN Ein dichtes Zugangebot vom schnellen ICE und TGV bis zur S-Bahn mit Halt an allen Stationen zwischen Mannheim und Homburg – der Fahrgast hat auf dieser Relation die berühmte Qual der Wahl. Die Züge fahren von früh bis spät. Ein Tipp sind die schönen Regional-Express-Züge der Marke SÜWEX, die im Stundentakt verkehren.

TICKETS Wer mit dem Zug von Mannheim nach Saarbrücken fahren möchte, kann sich am gesamten Fahrkartenangebot der Deutschen Bahn AG bedienen. Unter www.bahn.de, im Reisezentrum oder am Automaten sind Fahrscheine erhältlich. Mit Nahverkehrszügen und dem Rheinland-Pfalz-Saarland-Ticket ist man mobil und ohne Zugbindung unterwegs, Mo – Fr allerdings erst ab 9 Uhr morgens.

ANREISE Als Startbahnhöfe für die insgesamt 240 Kilometer lange Tour eignen sich nicht nur Mannheim und Saarbrücken, sondern auch alle Knotenbahnhöfe dazwischen: Neustadt (Weinstraße), Kaiserslautern oder Homburg.

AUF EINEN BLICK

Eröffnung 1847 bis 1905 in Etappen
Fahrzeit im TGV 78 Minuten
Streckenlänge 131 Kilometer
Zwischenstationen 32
Höchstgeschwindigkeit 160 km/h
Zug S-Bahn, ICE, TGV, Regionalbahn, Regionalexpress SÜWEX

9 Magistrale für Europa

Von München über Augsburg und Ulm nach Stuttgart

Auf der wichtigsten süddeutschen Magistrale wird sich in den kommenden Jahren viel ändern: Die Neubaustrecke Ulm – Wendlingen und der neue Bahnhof in Stuttgart werden in Betrieb gehen. Auch zwischen Ulm und Augsburg ist eine neue Strecke geplant.

Beginnen wir unsere Fahrt im ICE in München Hauptbahnhof. Der Zug schlängelt sich zunächst aus dem Bahnhof aus und passiert links das ICE-Bahnbetriebswerk aus den 1990er-Jahren. Bis München-Pasing erfolgt die Fahrt gemächlich. München-Pasing ist ein wichtiger Knotenbahnhof, weil es ab dort Verbindungen in Richtung Bodensee und ins Voralpenland gibt. Bis Mammendorf begleiten noch die beiden S-Bahn-Gleise die Strecke. Der Fernverkehr rollt aber schon auf den neuen Gleisen der Neubaustrecke, die bis Augsburg Hauptbahnhof fertiggestellt wurde. In diesem Abschnitt ist die Strecke viergleisig. Der Bahnhof Augsburg erfährt gerade einen Umbau in eine Mobilitätsdrehscheibe. Hier zweigt außerdem die Strecke in Richtung Donauwörth und Nürnberg ab. Der nun folgende Abschnitt bis Ulm gehört zu den schönsten Hauptbahnstrecken in Deutschland.

Die Donau als Ländergrenze

Angepasst an die Landschaft verläuft die Bahnlinie durch Wiesen und Wälder und passiert keine größeren Siedlungen. Noch halten sich die Lärmschutzwände in Grenzen, sodass es sich lohnt, einen Fensterplatz einzunehmen. Kurz vor Günzburg, in Neuoffingen wird die Donau erreicht. Ihr folgt die Bahn mit mehr oder weniger Abstand bis Ulm Hbf. Bei Ulm bildet sie die Landesgrenze zwischen Bayern und Baden-Württemberg. Leider wurde der herrliche Ausblick auf die Stadt Ulm und das Münster durch Lärmschutzwände auf der Donaubrücke zerstört. Nun erreicht

◀ Im IC-Verkehr kommen Steuerwagen mit großem Fahrradabteil zum Einsatz.

▶ Der Schlossplatz ist das Zentrum der Stuttgarter Innenstadt.

Sehenswertes

1. Fuggerei, Augsburg

Die Fuggerei in Augsburg ist die älteste bestehende Sozialsiedlung der Welt. Die Reihenhaussiedlung stiftete Jakob Fugger im Jahr 1521. Einen Gulden – das entspricht 0,88 Euro – Jahresmiete kostet eine Wohnung in der Fuggerei, dazu kommen täglich drei Gebete für das Seelenheil der Fugger.
www.fugger.de

2. Fischer- und Gerberviertel, Ulm

Südlich der modernen Stadtmitte beginnt das einstige Handwerkerquartier, in der Fachwerkhäuser vom Wasser umspielt werden. Bei einem Spaziergang durch das Ulmer Fischerviertel lohnt sich auch ein Blick auf das »Schiefe Haus«, das mit seiner Neigung von rund 10 Grad als das »schiefste Hotel der Welt« gilt.
www.ulm.de

3. »Alter Bau«, Geislingen

Der »Alte Bau« ist ein um 1445 errichtetes Fachwerkhaus im historischen Stadtkern von Geislingen. Es gilt mit seinen acht Stockwerken als eines der größten Fachwerkhäuser Deutschlands und beherbergt das Stadtmuseum.
www.stadtmuseum-geislingen.de

4. Schillerplatz, Stuttgart

Der Schillerplatz im Herzen Stuttgarts wurde zu Beginn des 17. Jahrhunderts unter Herzog Friedrich I. neu gestaltet und in der Bebauung dem prächtigen Schloss angepasst. Heute gilt er als einer der schönsten Renaissanceplätze Deutschlands.
www.stuttgart-tourist.de

die Bahn Ulm Hauptbahnhof. Im großen Bahnhof zweigt nun auch die Neubaustrecke nach Stuttgart ab. Die verlässt den Bahnhof in Richtung Norden in einem Tunnel, während die Altbaustrecke am Talrand vorbei an der dominierenden Brauerei Gold Ochsen an Höhe gewinnt. Bis Beimerstetten steigt die Strecke kontinuierlich an, um die Schwäbische Alb zu überwinden. Kurz vor Beimerstetten entstand linkerhand der neue

Oben am Albtrauf erkennt man das Ostlandkreuz für die Heimatvertriebenen.

Containerbahnhof Ulm. Von nun an wird es wieder ländlich. Interessant wird die Strecke wieder ab Amstetten, denn dort erfolgt mittels der Geislinger Steige der Abstieg ins Filstal. Mit maximal 70 km/h schlängelt sich der

▲ Bei Günzburg verläuft die Strecke entlang der aufgestauten Donau.

► Das Ulmer Münster wurde erst 1890 vollendet.

Zug am östlichen Berghang entlang und passiert nach sechs Kilometern Talfahrt den Bahnhof Geislingen. Die Fünftälerstadt wird am Talrand in Hufeisenform umfahren. Oben am Albtrauf erkennt man das Ostlandkreuz für die Heimatvertriebenen aus Südmähren, die in Geislingen und Umgebung nach dem Zweiten Weltkrieg eine neue Heimat gefunden haben. Nun fällt die Bahn weiter ab. Passiert werden Kuchen, Gingen, Süßen, Salach und Eislingen, bevor die Kreisstadt Göppingen durchfahren wird. Inzwischen ist das Tal auch wieder eng besiedelt. Nur zwischen Uhingen und Ebersbach sowie zwischen Ebersbach und Reichenbach (Fils) kommen letztmalig freie Flächen bis an die Bahnstrecke heran. In Plochingen trifft die Filsbahn auf den Neckar. Nun sind es nur noch 20 Kilometer über die alte Reichsstadt Esslingen und Bad Cannstatt, ehe der Kopfbahnhof Stuttgart erreicht wird. Schon zuvor erkennt man links und rechts der Bahn die Bauarbeiten für den neuen, rund 10 Milliarden teuren und sehr umstrittenen Bahnhof Stuttgart 21, der den Kopfbahnhof zumindest teilweise ersetzen soll.

Kleine Geschichte der Bahn

Die Hauptstrecke Stuttgart – Ulm – Augsburg – München wurde in Etappen erbaut. Zwischen Bad Cannstatt und Obertürkheim war sie 1845 die erste Eisenbahn in Württemberg. Trotz der damals nicht vorhandenen schweren Technik zum Bau von Eisenbahnen, wie sie heute genutzt werden kann, dauerte es keine fünf Jahre, bis 1850 sogar Ulm erreicht war. Dazu muss man wissen, dass zwischen Geislingen und Amstetten die Schwäbische Alb überwunden werden muss. Die berühmte Geislinger Steige war eine der ersten Gebirgsbahnen und eine technische Meisterleistung. 2022 wird die alte Strecke zwischen Stuttgart und Ulm durch eine Neubautrasse entlang der Autobahn A8 ergänzt. Für den Bau der neuen Strecke gingen aber über zehn Jahre ins Land – doppelt so viel wie vor fast 175 Jahren! Gleichzeitig zum Bahnbau in Württemberg erfolgte der Bahnbau in Bayern. In München war man sogar fünf Jahre früher mit der Strecke München – Augsburg dran. Die letzte Etappe war die 86 Kilometer lange Strecke zwischen Ulm und Augsburg. Im Lauf der Jahre wurden die Bahnstrecken weiter ausgebaut. Es handelt sich aus heutiger Sicht um drei bahninterne Strecken und zwei Kursbuchstrecken (KBS), die für den Reisenden von Bedeutung sind: Von Stuttgart bis Ulm heißt die Eisenbahn KBS 750 und von Ulm bis München KBS 980. Bis in die 1930er-Jahre wurden alle Züge mit Dampflokomotiven bespannt. Von München aus erfolgte die Elektrifizierung der Strecke, die 1933 abgeschlossen werden konnte. Nach dem Zweiten Weltkrieg wurde die Leit- und

Sicherungstechnik peu à peu modernisiert. In den Ballungsräumen München und Stuttgart kamen zusätzliche Gleise für den S-Bahn-Betrieb hinzu. Bekannt wurden öffentliche Testfahrten mit 200 km/h zur Verkehrsausstellung in München zwischen Münschen Hbf und Augburg. Dieser Abschnitt ist seit 2015 nun auch viergleisig ausgebaut. In Gessertshausen wurde die Strecke für höhere Geschwindigkeiten neu trassiert. Auch in Neu-Ulm gab es mit dem Tiefbahnhof deutliche Veränderungen.

Seit 1991 verkehren auf der Stecke die ICE-Züge im Stundentakt, ergänzt durch IC und schnelle Regionalzüge. Für letztere sind seit der Bahnreform Mitte der 1990er-Jahre die Bundesländer, also Baden-Württemberg und Bayern, zuständig.

Sehenswertes entlang der Strecke

Ulmer Münster Das Ulmer Münster ist eine im gotischen Baustil errichtete Kirche in Ulm. Es ist die größte evangelische Kirche Deutschlands. Der 1890 vollendete 161,53 Meter hohe Turm ist der höchste Kirchturm der Welt. Der Grundstein wurde 1377 gelegt. Wer die 768 Stufen bis auf die 143 Meter zur obersten Aussichtsplattform hinaufklettert, hat einen prächligen Rundblick auf das baden-württembergische Ulm und das bayerische Neu-Ulm und genießt bei klarem Wetter eine Fernsicht auf die Alpenkette. Tel. 0731 – 379 94 50, www.ulmer-muenster.de.

Deutsches Museum München Das Deutsche Museum in München ist nach Ausstellungsfläche das größte Wissenschafts- und Technikmuseum der Welt. In dem Museum, das jährlich von etwa 1,5 Millionen Menschen besucht wird, werden rund 28.000 Objekte

▼ Bis Ende 2022 passieren die ICE-Züge noch die bekannte Geislinger Steige.

► Der Kopfbahnhof Stuttgart wird gerade verkleinert und als S21 neu in Betrieb genommen.

aus etwa 50 Bereichen der Naturwissenschaften und der Technik ausgestellt. Tel. 089 – 217 93 33, www.deutsches-museum.de

Wilhelma Stuttgart-Bad-Cannstatt Noch bevor Stuttgart Hauptbahnhof erreicht wird erkennt der Bahnreisende in Fahrtrichtung rechts das Gelände der Wilhelma. Die Wilhelma ist ein zoologisch-botanischer Garten im Stuttgarter Stadtbezirk Bad Cannstatt. Sie zählt mit jährlich über einer Million Besuchern zu den meistbesuchten zoologischen Gärten in Deutschland. Die Wilhelma zeigt heute auf etwa 30 Hektar rund 11.000 Tiere aus aller Welt. Tel. 0711 – 540 20, www.wilhelma.de

STRECKENVERLAUF

München – München-Pasing – Mering – Augsburg – Günzburg – Ulm – Amstetten – Geislingen – Plochingen – Stuttgart-Bad Cannstatt – Stuttgart Hbf

TIPPS & INFOS

MITFAHREN Ein dichtes Zugangebot vom schnellen ICE bis zum Nahverkehrszug mit Halt an allen Stationen – der Fahrgast hat auf dieser Relation die berühmte Qual der Wahl. Die Züge fahren von früh bis spät, allerdings ist das Angebot am späten Abend ab 21 Uhr nicht mehr so dicht.

TICKETS Wer mit dem Zug von München nach Stuttgart fahren möchte kann sich am gesamten Fahrkartenangebot der Deutschen Bahn AG bedienen. Unter www.bahn.de, im Reisezentrum oder am Automaten sind Fahrscheine erhältlich. Mit Nahverkehrszügen und dem Bayern-Ticket ist man zwischen Ulm und München, mit dem Baden-Württemberg-Ticket zwischen Stuttgart und Neu-Ulm mobil und ohne Zugbindung unterwegs. Die Ländertickets sind Sa/So ganztägig gültig, Mo – Fr jedoch erst ab 9 Uhr.

ANREISE Als Startbahnhöfe für die insgesamt 240 Kilometer lange Tour eignen sich nicht nur München und Stuttgart, sondern auch alle Knotenbahnhöfe dazwischen: Mering, Augsburg, Günzburg, Ulm und Plochingen.

AUF EINEN BLICK

Eröffnung Ab 1840 bis 1854
Schnellster Zug 133 Minuten im ICE
Streckenlänge 240 Kilometer
Höchstgeschwindigkeit 230 km/h
Antrieb elektrisch
Züge ICE, RailJet, TGV, IC, EC, RE, RB, MEX, S-Bahn

99 7243-1

Historische Dampftechnik

Immer ein Erlebnis: eine Dampfzugfahrt, egal ob im Sommer oder im Winter …

10 Mit der Schmalspurbahn durchs Erzgebirge

Die Preßnitztalbahn zwischen Jöhstadt und Steinbach

Seit dem Jahr 2000 sind wieder acht der einst 23 Kilometer Schmalspurstrecke durch Preßnitz- und Schwarzwassertal befahrbar. Sie wurde erst 1986 stillgelegt und abgebaut, was ab 1990 den raschen Wiederaufbau erleichterte. Eine Mitfahrt im historischen Zug gehört zu den schönsten Erlebnissen im Erzgebirge.

Die Stadt Jöhstadt ist einer der Ausgangspunkte für eine Fahrt mit der historischen Preßnitztalbahn. Der Stadtkern der 2500 Einwohner zählenden Landstadt liegt deutlich höher als der Bahnhof, der sich direkt neben dem Flüsschen Schwarzwasser befindet. Der Ort wirkt in vielen Bereichen wie ausgestorben, was daran liegen mag, dass er seit der Wiedervereinigung 1/3 seiner Einwohner verloren hat. Das Empfangsgebäude steht noch ziemlich abseits der Eisenbahn neben einem Plattenbau aus den 1980er-Jahren, der nach der Stilllegung der Bahnstrecke dort gebaut wurde. Schräg gegenüber dem Plattenbau befindet sich der Bahnsteig der Museumsbahn. Exakt ihm gegenüber befindet sich das Bahnbetriebswerk mit dem historischen Lokschuppen. Dort sind im Regelfall die Dampflokomotiven untergebracht. Im Böhmischen entspringt, gespeist aus den Mooren des Erzgebirgskammes, das Schwarzwasser.

Durchs Tal des Schwarzwassers

In Sachsen bekommt es in Jöhstadt mit der Preßnitztalbahn eine berühmte Begleitung. Bis zum Bahnhof Schmalzgrube teilen sich Fluss und Bahn das enge Tal. Den ersten Zwischenhalt erreicht die Bahn bereits nach einigen hundert Metern: den Haltepunkt Fahr-

◀ Vier Freunde treffen sich bei der Dampflok 1K im Lokschuppen Jöhstadt bei der Preßnitztalbahn.

▶ Die Preßnitztalbahn gehört zu den schönsten Museumsbahnen in Deutschland.

Sehenswertes

1. Hammerwerk, Schmalzgrube

Der Ort Schmalzgrube ging aus einem erzgebirgischen Hammerwerk hervor, das 1550 erstmals urkundlich nachgewiesen ist. Die Eisenerzeugung wurde spätestens 1870 eingestellt. Zum Gebäudeensemble des Hammerwerks gehörte neben dem erhaltenen Hammerherrenhaus auch der Hochofen, welcher heute zu den wenigen noch erhaltenen historischen Hochöfen gehört.

2. Preßnitztalmuseum, Großrückerswalde

Das Preßnitztalmuseum zeigt eine anschauliche Ausstellung zur Wirtschafts- und Kulturgeschichte der Preßnitztalregion. Besonders im Fokus stehen die Eisengewinnung und Eisenverarbeitung in den Hammerwerken, das Bauhandwerk, die Pappenindustrie, Waldwirtschaft und Jagd sowie die alte Preßnitztalbahn von Wolkenstein nach Jöhstadt. www.grossrueckerswalde.de

3. Wanderung entlang der Preßnitztalbahnstrecke

Vom Bahnhof Steinbach führt ein landschaftlich reizvoller Wanderweg entlang der Bahnstrecke bis nach Schlössel. Im Tal der Preßnitz wechseln sich Auenwiesen mit Felslandschaften und Bergwäldern ab. Oberhalb von Steinbach erreicht man nach 1.5 Kilometern das Besucherbergwerk Andreas-Gegentrum-Stolln.

zeughalle. Dort sind die Waggons der Museumseisenbahn stationiert und trocken unterstellt. Die große Halle wird auch regelmäßig für Veranstaltungen genutzt. Nun folgt der Bahnhof Schlössel mit dem Gasthof Schlösselmühle. Bis zum Bahnhof Schmalzgrube wird noch der Haltepunkt Loreleifelsen durchfahren. Dort hält der Zug nur bei Bedarf. Beim Bahnhof Schmalzgrube mündet das Schwarzwasser in die Preßnitz.

Beim Kühlschrankwerk Wolkenstein

Entlang des für die Bahn namensgebenden Flusses führt die Trasse weiter bis nach Steinbach. Unterwegs passiert der Zug noch die Haltepunkte Forellenhof, Stolln und Wildbach. Im Haltepunkt Wildbach halten die Züge auch nur bei Bedarf. Nun wird Steinbach erreicht. Die imposanten Gleisanlagen mit dem bekannten Wasserhaus erstrahlen seit dem Jahr 2000 wieder in alter Schönheit. Für die Bahn endet die Reise dort, während die Preßnitz ihren weiteren Weg durch das wildromantische Tal bis nach Wolkenstein nimmt, wo sie in die Zschopau mündet. In

▲ Unterschiedliche Dampfloktypen findet man regelmäßig bei der Preßnitztalbahn.

▶ Am Hirtstein im Erzgebirge kann man wunderbar klettern.

Wolkenstein war einst der Ausgangsbahnhof für die Preßnitztalbahn, die von 1892 bis 1984 die ganze Strecke befuhr und die zahlreichen Mühlen, Sägewerke und Betriebe bediente. Bekannt war das Kühlschrankwerk in Niederschmiedeberg, dessen Produkte bis zur Einstellung ausschließlich per Schmalspurbahn transportiert wurden. Wie viele andere sächsische Schmalspurbahnen musste sie der in der DDR »Verkehrsträgerwechsel« genannten Verlagerung von Verkehren von der Schiene auf die Straße weichen. Die Gesamtstrecke wurde bis 1986 komplett auf staatliche Weisung abgebaut. Unmittelbar nach der Wende starteten »die Verrückten vom Preßnitztal« mit dem Wiederaufbau der Bahnstrecke von Jöhstadt aus. Heute ist sie die wohl bekannteste sächsische Museumsbahn und empfängt das ganze Jahr über zahlreiche Gäste aus dem In- und Ausland. Neben der Bahnfahrt bietet sich im Tal auch der Besuch des Andreas-Gegentrum-Stolln an. Bei einer Begehung wird die über 800-jährige Tradition des Bergbaus der Region wieder lebendig.

Kleine Geschichte der Bahn

1892 erhielt Jöhstadt mit der Schmalspurbahn seinen Eisenbahnanschluss. Eine in den Jahren 1912–1914 geplante Weiterführung über die böhmische Landesgrenze nach Pleil-Sorgenthal und Weipert scheiterte am Ausbruch des Ersten Weltkriegs. Wie bei vielen Eisenbahnstrecken erfolgte auch bei der Schmalspurbahn Wolkenstein – Jöhstadt eine schrittweise Stilllegung und Demontage der Anlagen: Im Frühjahr 1982 wurde der Güterverkehr zwischen Steinbach und Jöhstadt wegen des schlechten Streckenzustands eingestellt. Am Freitag, dem 13. Januar 1984 verkehrten die letzten Reisezüge zwischen Niederschmiedeberg und Jöhstadt. Die Einstellung des Personenverkehrs auf dem Reststück folgte am 30. September 1984. Bis zum 20. November 1986 wurde der Güterverkehr für das Kühlschrankwerk in Niederschmiedeberg eingestellt. Im Sommer 1990 begann die Interessengemeinschaft Preßnitztalbahn mit dem teilweisen Wiederaufbau der Schmalspurbahn als Museumsbahn. Der Wiederaufbau erfolgte in mehreren Ab-

Die Preßnitz nimmt ihren weiteren Weg durch das wildromantische Tal bis Wolkenstein.

schnitten: Ab Oktober 1993 fuhren die Züge von Jöhstadt bis zum Bahnhof Schlössel, ab Pfingsten 1994 bis zum neu angelegten Haltepunkt Loreleifelsen und ab Pfingsten 1995 bis zum Bahnhof Schmalzgrube. Nachdem der Gemeinderat von Steinbach in seiner letzten Sitzung vor der Eingemeindung nach Jöhstadt Fnde 1998 beschloss, den 1987/88 auf dem Bahnhofsgelände erbauten Kindergarten aufzugeben, eröffnete die IG Preßnitztalbahn den Abschnitt bis Steinbach im Jahr 2000.

Sehenswertes entlang der Strecke

Andreas-Gegentrum-Stolln Zwischen den Ortsteilen Steinbach und Schmalzgrube befindet sich am westlichen Hang des Preßnitztales das Besucherbergwerk Andreas-Gegentrum-Stolln, dessen Name sich von seiner Lage gegenüber (gegen trum) dem Andreas-Stolln ableitet. Im Jahre 1748 wurde dort mit dem Schürfen begonnen. Man fand Rotgültigerz, Kobalt und silberhaltige Kiese. 1792 wurde zur Erzaufbereitung ein Pochwerk errichtet. Das hierfür notwendige Wasser wurde aus der Preßnitz entnommen. 1843 wurden die Arbeiten jedoch wieder eingestellt. Von 1749 bis 1841 lässt sich eine Erzausbeute von ca. 140 kg Silber und ca. 720 kg Kobalt nachweisen. Direkt am Besucherbergwerk befindet sich ein Haltepunkt

▼ Der historische Lokschuppen in Jöhstadt wurde wieder restauriert und in Betrieb genommen.

► Dieser Ausblick bei offenen Fenstern bleibt den Mitfahrern vorenthalten!

»Stolln« der Preßnitztalbahn. 037343 – 7941, www.andreas-gegentrum-stolln.de.

Der Hirtstein Vom Endbahnhof Steinbach aus ist der 889,8 Meter hohe Hirtstein im Rahmen einer Wanderung erreichbar. Auf dem Gipfel befindet sich eine historische Station der Königlich-Sächsischen Triangulation von 1863. Bekannt ist er durch seinen geologisch bemerkenswerten fächerförmigen Basaltaufschluss, der durch einen inzwischen stillgelegten Steinbruch freigelegt wurde.

STRECKENVERLAUF

Jöhstadt – Jöhstadt-Fahrzeughalle – Schlössel – Loreleyfelsen – Schmalzgrube – Forellenhof – Stolln – Wildbach – Steinbach

TIPPS & INFOS

MITFAHREN Die Dampfzüge auf der Pressnitztalbahn verkehren an jedem Wochenende von Mai bis Oktober. Aber auch im Herbst und Winter gibt es regelmäßige Fahrten. Traditionell findet an Pfingsten immer ein großes Dampflokfest statt. Tel. 037343 – 80 80 37, www.pressnitztalbahn.de.

TICKETS Die Fahrkarten für die Züge der Preßnitztalbahn sind an den Verkaufsstellen in Jöhstadt und Steinbach erhältlich, ebenso wie beim Zugbegleitpersonal.

ANREISE Von Chemnitz mit der Erzgebirgsbahn (Kursbuchstrecke 517, siehe www.bahn.de/kursbuch) bis Annaberg-Buchholz unterer Bahnhof. Von dort sind es 300 Meter Fußweg bis zur Bushaltestelle. Der Bus mit der Liniennummer 430 fährt bis Jöhstadt. An ausgewählten Tagen verkehrt die Ausflugslinie Preßnitztal zwischen dem Bahnhof Wolkenstein und Steinbach jeweils mit Anschlüssen an die Züge.

AUF EINEN BLICK

Eröffnung 1892
Fahrzeit 37 Minuten einfache Strecke
Streckenlänge 8 Kilometer
Höchstgeschwindigkeit 25 km/h
Spurweite 750 Millimeter Schmalspur
Zug Dampfzüge

11 Mit Volldampf über die Stubersheimer Alb

Unterwegs zwischen Amstetten und Gerstetten

Die Mitfahrt im historischen Nebenbahnzug der 1960er-Jahre mit Plattformen und Speisewagen gehört zu den schönsten Bahn-Erlebnisfahrten in Süddeutschland. Vor allem die abwechslungsreiche Landschaft lässt keine Langweile aufkommen.

Die Lokalbahn von Amstetten nach Gerstetten beginnt im Bahnhof von Amstetten (Württ.) am Scheitelpunkt der bekannten Geislinger Steige. Der Bahnhof Amstetten liegt eigentlich fernab der Ortschaft Amstetten, weshalb bis heute auf den Straßenschildern von Amstetten-Bahnhof die Rede ist. Doch inzwischen hat sich das Zentrum vom Dorf auf den Ortsteil Bahnhof verlagert, auch wenn vom Bahnhof nach Einstellung der letzten Güterzugleistung und Wegfall des Eilzug-Halts nicht mehr viel übriggeblieben ist. Ursprünglich gab es von Amstetten auch noch eine zweite Nebenbahn in Richtung Westen, nach Laichingen. Doch das ist seit 1985 Geschichte. Heute wird die Strecke bis Oppingen noch von den Dampfzügen der Ulmer Eisenbahnfreunden genutzt.

Teamwork ist gefragt

Zurück auf der Lokalbahn nach Gerstetten: Gegenüber dem DB-Bahnhof beginnt die Fahrt auf einem eigenen Gleis mit Bahnsteig. Zwar liegt Amstetten am oberen Scheitelpunkt der Geislinger Steige, doch bis zum nächsten Bahnhof Stubersheim folgt eine Steilstrecke, die den Zügen und speziell der Dampflok noch einiges an Kraft abverlangt. 100 Meter Höhenunterschied müssen auf den

◀ Auch für Familien hat das Eisenbahnmuseum einiges zu bieten.

▶ Über 100 Jahre alt ist die Dampflok, die zwischen Amstetten und Gerstetten eingesetzt wird.

Mit Volldampf über die Stubersheimer Alb

Sehenswertes

1. Heimatmuseum, Schalkstetten

Das Heimatmuseum in Schalkstetten zeigt historische häusliche und landwirtschaftliche Exponate. Die ausgestellten Geräte sollen den Alltag unserer Vorfahren erlebbar machen. www.museum-schalkstetten.de

2. Burg Helfenstein, Geislingen

Oberhalb von Geisingen wurde um 1100 die Burg Helfenstein erbaut. Es entstand erst eine kleine Burg, die unter Ulm an Bedeutung gewann und einen Festungsring mit Rondellen und Zwingeranlagen erhielt. Heute ist sie nur noch ruinös erhalten. www.geislingen.de

3. Wanderung zum Himmelsfelsen, Eybach

Vom Bahnhof Gieslingen aus geht es durch das Naturschutzgebiet Eybtal mit Teilen des Längen- und Rohrachtales. Die erste markante Felsformation, an der die Wanderung vorbeiführt, ist der Anwandfelsen. Der zweite Felsmarker ist der Himmelsfelsen, von dem aus man einen herrlichen Blick genießt. Der Himmelsfelsen ist das Wahrzeichen des Örtchens Eybach. www.albverein-eybach.de

4. Kaiser-Wilhelm-I.-Denkmal, Gussenstadt

Das sich auf dem Denkmalplatz an der Kaiserlinde befindliche Denkmal für Kaiser Wilhelm I. zeigt die Büste des Kaisers, vor welcher sich ein Adler mit ausgebreiteten Flügeln befindet.

folgenden fünf Kilometern überwunden werden, was für Heizer Oliver Scholz bedeutet, dass er etliche Zentner Kohle ins Feuer werfen muss. Doch zusammen mit seinem erfahrenen Lokführer Hans-Karl Kunhäuser ist die Steigung ohne Probleme zu meistern. Mitten in der Steilstrecke liegt der Lokschuppen der Dampflok in einem ehemaligen Treibstofflager der Bundeswehr, das ursprünglich durch die Wifo (Wissenschaftliche Forschungsanstalt), ein Tarnunternehmen der Wehrmacht, errichtet wurde. Sogar einen Tarnnamen hatte das Gelände zu Zeiten des Zweiten Weltkriegs: Wifo Ammenau. Die Fahrt über die Steigung erfolgt bis auf wenige Abschnitte komplett im Wald, was insbesondere im

In Gussenstadt gibt es neben dem Heimatmuseum im Ursulastift eine sehenswerte Kirche.

▲ Im Jahr 2020 feierte die Bahnstrecke Geislinger Steige 150-jähriges Jubiläum.

► Der Dampfzug passiert den Bahnhof von Stubersheim auf der Fahrt nach Gerstetten.

Herbst dazu führt, dass die Gleise oft verschmutzt sind, sodass darauf geachtet werden muss, dass die Lok nicht zum Schleudern kommt. In Stubersheim ist die Albhochfläche erreicht. Über die nach dem Ort bekannte Stubersheimer Alb führt die Bahnlinie, vorbei an einem Sägewerk, in einer großen Linkskurve nach Norden. Nach wenigen Kilometern wird Schalkstetten erreicht. Das Empfangsgebäude wurde unter Leitung von Ortsvorsteher Ulrich Münkle in den Jahren 2019 bis 2021 grundlegend renoviert und kann für Geburtstagsfeiern gemietet werden. Die Gleise verlaufen entlang des Bauerndorfs zunächst ebenerdig, später auf einem Bahndamm weiter in Richtung Norden. Zwischen Schalkstetten und Waldhausen wird nach einem großen Ferkelstall der Alb-Limes durchbrochen. Beim Bau der Bahnlinie wurden Münzen und Scherben aus römischer Zeit gefunden. Auch heute ist der einstige Limes noch die Grenze zwischen dem Alb-Donau-Kreis und dem Landkreis Göppingen. Nun geht es abwärts zum nächsten Halt, dem Bahnhof Waldhausen (b. Geislingen). Das schmucke Empfangsgebäude liegt am Ortsrand. Zwei bekannte Spielfilme wurden dort schon gedreht: Das Leben der Margarete Steiff und Der wiedergefundene Freund. Über die intensiv genutzten landwirtschaftlichen Flächen führt die Fahrt weiter nach Gussenstadt. Das Dorf Gussenstadt ist aber keine »Stadt«. Vielmehr deutet der Name auf die Gründung der Siedlung im 12. Jahrhundert hin. In Gussenstadt gibt es neben dem Heimatmuseum im Ursulastift eine sehenswerte Kirche, die ursprünglich als Kornspeicherkirche errichtet wurde. Das rote Empfangsgebäude wird inzwischen privat genutzt und befindet sich in einem schönen Zustand. Nun sind es nur noch wenige Kilometer bis zum Endbahnhof Gerstetten, der zugleich auch der Betriebsmittelpunkt der Bahn ist. Neben dem Lokschuppen mit ehemaligem Wasserturm wurde im Bahnhofsgebäude 2006 das Eisenbahn- und Riffmuseum eingerichtet. Gerstetten steht auf einem großen versteinerten Korallenriff. Die zierlichen Versteinerungen kommen bei fast allen Tiefbauvorhaben ans Tageslicht. Im Lokschuppen haben die Ulmer Eisenbahnfreunde ihre Waggon- und Bahnwerkstatt untergebracht.

Kleine Geschichte der Bahn

1906 konnte die Bahnlinie Amstetten – Gerstetten feierlich eröffnet werden. Viele Jahrzehnte kämpfte ein Bahnkomitee für die Erschließung der Alb durch eine Eisenbahn. Schon beim Bau der Hauptbahn Stuttgart – Ulm hatte man die Hoffnung, dass Gerstetten einen schnellen Anschluss bekommen könnte. Ironie des Schicksals war aber, dass die1906 eröffnete Eisenbahn in die falsche Richtung führte. Der damals geplante Weiterbau der Strecke nach Herbrechtingen und damit ein Anschluss an die Brenzbahn wurden nie verwirklicht. Schuld daran waren sicher auch der Erste Weltkrieg und die schwere wirtschaftliche Zeit danach. Immerhin bis 1996 konnte

sich die schon von Anfang an privat betriebene Eisenbahn mit regelmäßigen Zuschüssen der Gemeinden halten. 1996 sah die Württembergische Eisenbahngesellschaft jedoch keine Hoffnung mehr und wollte die Strecke stilllegen. Durch die Übernahme durch die Ulmer Eisenbahnfreunde, die seit 1976 auf der Linie mit ihren Dampfzügen unterwegs sind, konnte sie jedoch erhalten werden.

Sehenswertes entlang der Strecke

Riffmuseum Gerstetten Zeitzeugen der Erdgeschichte der Schwäbischen Alb und insbesondere der Gerstetter Alb geben den Museumsbesuchern einen umfangreichen Einblick in die Zeit und das Leben vor 150 Millionen Jahren in der Region. Das Riffmuseum im historischen Bahnhofsgebäude der Gemeinde Gerstetten stellt eine Besonderheit in der Museumslandschaft Deutschlands dar. Der Besucher tritt in das Gerstettener Riff ein, eine untermeerische Landschaft mit Korallen und Schwämmen, und erlebt ganz ohne Taucherbrille und Schnorchel die einstige Unterwasserwelt. Im Riffmuseum kann der interessierte Besucher erfahren, dass die Gerstetter Korallenfauna zu den reichhaltigsten aus dieser Zeit gehörte. Über 150 Korallenarten konnten bisher nachgewiesen werden und noch ist die Forschungsarbeit nicht abgeschlossen. Tel. 07323 – 84-101, www.gerstetten.de

Museum im Ursulastift Das heimatkundliche Museum stellt die Lebensverhältnisse der Region in seinen Mittelpunkt. Zudem gehört eine Museumsschmiede zum Ursulastift, wel-

▼ Die Nachfrage nach Dampfzugfahrten ist immer groß. Besser man reserviert sich Plätze.

▶ Nikolausdampf auf der Schwäbischen Alb ist besonders schön.

che auf Anfrage geöffnet werden kann. Stuben- und Kammereinrichtungen, Gebrauchsgegenstände aus Haus und Hof, geben Einblicke in die ländliche Wohnkultur des 19. und frühen 20. Jahrhunderts. Zusätzlich gehören Trachten, Zeugnisse evangelischer Frömmigkeit, Erinnerungsbilder an entscheidenden Stationen des Lebenslaufs sowie Sammlungen von heimischen Tieren und Fossilien dazu. Auch für Kinder ist etwas geboten. Sei es durch Interaktionen bei der wohl einzigartigen Sammlung von heimischen Obstsorten oder die Sammlung von altem Spielzeug, welche die Herzen großer und kleiner Kinder höherschlagen lässt. Außerdem gibt es für unsere kleinen Gäste auch eine Schnitzeljagd mit Rätseln, welche gelöst werden dürfen. Tel. 07323 – 34 97, www.museum-gussenstadt.de.

Wasserturm Gerstetten Der Wasserturm in Gerstetten hat eine Aussichtsplattform, die von Mai bis Oktober an Sonn- u. Feiertagen geöffnet hat. Vom 40 Meter hohen Turm bietet sich dem Besucher ein herrlicher Rundblick über die Albhochfläche und bei klarem Wetter ein Blick bis hin zu den Alpen. Tel. 07323 – 79 63.

STRECKENVERLAUF

Amstetten – Stubersheim – Schalkstetten Hbf – Waldhausen – Gussenstadt – Gerstetten

TIPPS & INFOS

MITFAHREN Eine Hin- und Rückfahrt im Dampfzug ab Amstetten ist optimal. Wer möchte, kann einen Zug in Gerstetten aussetzen und dort Mittag essen oder dem Dampfzug bis Gussenstadt auf ausgewiesenen Wanderwegen entgegenlaufen.

TICKETS Fahrkarten sind beim Schaffner vor Ort am Bahnsteig und im Zug erhältlich. Über die Website www.uef-lokalbahn.de können auch Fahrscheine im Vorverkauf erworben werden.

ANREISE Zielbahnhof mit dem Zug ist Amstetten (Württ.) Der Bahnhof ist von Ulm und Stuttgart im Stundentakt zu erreichen.

AUF EINEN BLICK

Eröffnung 1906
Fahrzeit 45 Minuten
Streckenlänge 20 Kilometer
Höchstgeschwindigkeit 50 km/h
Spurweite 1435 Millimeter
Zug Dampfzug mit 75 1118 aus dem Jahr 1921

12 Die Sauschwänzlebahn

Mit der Wutachtalbahn unterwegs von Blumberg nach Weizen

Die Sauschwänzlebahn gehört zu den bekanntesten Museumsbahnen in Deutschland. Durch ihre Brückenbauwerke und Tunnelanlagen wurde sie weltbekannt. Als Wutachtalbahn wird die gesamte Strecke von Lauchringen an der Hochrheinstrecke bis nach Immendingen an der Schwarzwaldbahn bezeichnet.

In Immendingen zweigt die Wutachtalbahn von der Schwarzwaldbahn ab. Allerdings ist der namensgebende Fluss Wutach noch weit entfernt. Die Bahnlinie überquert zunächst die Donau und verläuft im weiten Aitrachtal bis zum Bahnhof Blumberg-Zollhaus. Dort enden die modernen Bahnen vom »Ringzug«. Die Dampfzugfahrt beginnt im Bahnhof Blumberg-Zollhaus. Wenige hundert Meter nach der Abfahrt vom Bahnhof Blumberg-Zollhaus durchfährt man im Buchbergtunnel (805 m) den Hauptkamm des Randengebirges. Hier wird auch die Europäische Hauptwasserscheide zwischen Rhein und Donau passiert. In Fahrtrichtung rechts eröffnet sich ein herrlicher Blick über das Kommental. Rechts voraus sieht man den Ort Epfenhofen mit dem Epfenhofener Viadukt, der größten Brücke der Wutachtalbahn.

Wunderschöne Aussichten

Der Zug passiert nun das Biesenbach Viadukt. Mit einer Länge von 252 Metern und einer Höhe von 24 Metern ist das Bauwerk eines der beiden bogenförmigen Viadukte der Strecke. Nach einer Schleife um Epfenhofen befährt der Zug das eben erwähnte Epfenhofener Viadukt. Unmittelbar am Ende der Brücke erreicht er den Bahnhof Epfenhofen. Nach dem zweigleisigen Kreuzungsbahnhof verläuft die Bahnstrecke über Dämme und Einschnitte weiter, wobei sich herrliche Ausblicke auf die Viadukte und das offene Tal ergeben. Immer wieder sieht man, wie auf ei-

◀ Ein richtiges Kunstwerk ist dieser Brunnen vorm Oberen Schloss in Immendingen.

▶ Der Ausblick bei der Sauschwänzlebahn gehört zu den Höhepunkten der Fahrt.

Sehenswertes

1. Heimatmuseum, Immendingen

Das Heimatmuseum zeigt die Geschichte und Landschaft rund um Immendingen. Ein Schwerpunkt des Museums sind die einzigartigen Fossilfunde vom Höwenegg, wo Grabungen in den 50er- und 60er-Jahren spektakuläre Funde ans Tageslicht brachten. www.immendingen.de

2. Donauversinkung, Immendingen

In den Sommermonaten verschwindet die Donau hier an etwa 150 Tagen im Jahr vollständig und hinterlässt ein trockenes Flussbett. Die nackten Kiesbänke und die teilweise mit Gras bewachsenen Flächen sind zu dieser Zeit trockenen Fußes begehbar. www.immendingen.de

3. Schloss Tiengen, Waldshut-Tiengen

Das Schloss Tiengen steht etwa zehn Meter über der historischen Altstadt am Zusammentreffen dreier Täler. Das Tiengener Schloss ist ein Komplex von zwei Gebäuden und besteht aus dem alten Turm und dem Neuen Schloss. www.freundeschlosstiengen.de

4. Eiszeitpark, Engen

Im Osten von Engen erstreckt sich ein weites Trockental: Das Brudertal ist in der letzten Eiszeit vor ca. 22.000 Jahren entstanden. Im Eiszeitpark wird versucht, die damaligen Lebensverhältnisse der Eiszeitmenschen möglichst originalgetreu zu rekonstruieren. www.engen.de

ner Modellbahnanlage, auch die später kommenden Streckenabschnitte. Es folgt der Tunnel am Achdorfer Weg (540 m), bevor der Haltepunkt Wutachblick erreicht wird. Hier wird nur bei Talfahrt und nur für Gruppen ab 15 Personen auf Voranmeldung angehalten. Der Zug fährt nun in Richtung Norden. In Fahrtrichtung rechts liegt der Ort Fützen, in dem die Fahrzeuge der Sauschwänzlebahn stationiert sind. Hier befinden sich Werkstatt und Lokschuppen der Bahn. Wenige Meter nach dem Bahnhof Fützen folgt der Fützener Talübergang mit einer Länge von 153 Metern und einer Höhe von 28 Metern. Nun folgt mit dem Stockhalde-Tunnel der einzige Kreiskehrtunnel Deutschlands, zugleich der zweitgrößte Spiraltunnel Europas und der einzige Schraubtunnel der Welt im Verlauf einer Mittelgebirgsbahn. Er hat eine Länge von 1700 Metern und einen Kreisdurchmesser von 700 Metern und führt in einem 360-Grad-Bogen nach rechts durch den Berg. Nur etwa 100 Meter der Strecke sind, vor Austritt aus dem Berg, gerade angelegt, damit die Trasse bei Verlassen des Tunnels nicht unter sich selbst, also dem oberen

Hier wird auch die Europäische Hauptwasserscheide zwischen Rhein und Donau passiert.

▼ Nur noch selten ist die große Dampflok 50 2988 bei der Sauschwänzlebahn im Einsatz.

◀ Stammlok ist die Maschine 262, die von der Frankfurt-Königsteiner-Eisenbahn kommt.

▶ Ein schöner Spaziergang führt durch die Wutachschlucht.

Tunnelportal, herauskommt. Dieser enorme Tunnel wurde nur angelegt, um 15,5 Höhenmeter zu gewinnen! Ihm verdankt die Sauschwänzlebahn ihren Namen. Die nächste Station ist Grimmelshofen. Kurz nach Verlassen der Station wechselt die Bahn innerhalb des 225 Meter langen Grimmelshofener Tunnels vom Kommental ins Wutachtal. Kurze Zeit nach dem Grimmelshofener Tunnel wird das Wutach-Viadukt überquert, die vierte der großen Brücken (107 m lang und 28 m hoch). Wenige Meter unterhalb des Wutach-Viadukts fährt der Zug in den 1205 Meter langen Weiler Kehrtunnel ein.

Mitten durchs Tal der Wutach

Hier wendet sich die Bahn in einer 180-Grad-Kehre dem Talausgang zu. Die nun erreichte Station Lausheim-Blumegg befindet sich mehrere Kilometer vom eigentlichen Ort entfernt. Die Museumsstrecke führt nun, immer parallel zur B 314, noch ein gutes Stück durch das flacher werdende Wutachtal. Sehr bald kommt die Grenze des Schweizer Kan-

tons Schaffhausen und bei Weizen bildet die Wutach die Grenze zwischen Deutschland und der Schweiz. Weizen ist der Endbahnhof der Museumsbahn. Ab dort fahren wieder moderne Dieseltriebwagen weiter entlang der Wutach bis zum Bahnhof Waldshut. Ab Lauchringen wird dabei die Strecke der Hochrheinbahn befahren.

▲ Die Felsregion der Wutachflühen in der Wutachschlucht bei Blumberg lässt sich auch wunderbar erwandern.

▶ Immer wieder gibt es Sonderveranstaltungen mit Schauspielern in historischer Kleidung.

Kleine Geschichte der Bahn

Die ersten Überlegungen, eine Bahnlinie durch das Wutachtal zu bauen, gehen bis ins Jahr 1857 zurück. Dennoch ging das Wutachtal beim Bau der ersten Bahnlinien leer aus. Die Gemeinden kämpften weiterhin heftig für einen Anschluss an das Eisenbahnnetz, was zunächst jedoch erfolglos blieb. Es dauerte bis 1875, bis das erste Teilstück zwischen Oberlauchringen und Stühlingen eröffnet werden konnte. Ein Jahr später wurde die Strecke bis nach Weizen verlängert. Der Weiterbau in Richtung Norden stockte dann infolge geologischer Probleme in der instabilen Wutachschlucht. Die projektierenden Ingenieure stellten fest, dass eine Weiterführung der Bahn durch diese geologisch junge, erst 20 000 Jahre alte Schlucht unmöglich sei. Damit galt das Projekt als gescheitert. Einige Jahre später begann man sich aber von neuem für die Wutachtalbahn zu interessieren, diesmal von militärischer Seite: Der deutsche Generalstab stellte ab 1880 Überlegungen an, wie man im Fall eines weiteren Krieges gegen Frankreich die Logistik mithilfe der Eisenbahn besser organisieren könnte. Im Süden des Deutschen Reiches war aus militärischer Sicht besonders folgendes Problem augenfällig: Wollte man von der Bundesfestung Ulm in das südliche Elsass und so an eine mögliche Front mit Frankreich, musste man dafür die Hochrheinbahn nutzen, die mehrfach durch schweizerisches Gebiet bei

Schaffhausen und Basel führte. Beim Bau dieser Strecke war eine Nutzung durch das Militär in einem Staatsvertrag zwischen Deutschland und der Schweiz explizit ausgeschlossen worden. Um dieses Problem zu lösen, überlegte der Generalstab, wie neue Eisenbahnstrecken gebaut werden könnten, die weder größere Steigungen aufwiesen noch über Schweizer Territorium führten. So entschloss man sich zum Bau der heutigen Strecke: Von Hintschingen bis Stühlingen war die Strecke ja bereits fertiggestellt. Trotz absehbar hoher Kosten eines solchen strategischen Bahnbaus und geringen zivilen Nutzens der hauptsächlich durch dünn besiedeltes Gebiet führenden Neubaustrecke kam es ab 1887 zur Durchführung dieses doch abenteuerlichen Eisenbahnbau-Vorhabens. Da die Strecke den Ansprüchen einer militärischen Nutzung genügen musste, durfte die Steigung der Bahn den Wert von zehn Promille nicht übersteigen; das hieß, die Trasse durfte auf einem Kilometer Fahrtstrecke nicht mehr als zehn Meter ansteigen. Die Geografie des Wutachtals brachte es aber mit sich, dass genau in dieser Richtung ein Anstieg von über 230 Metern zu bewältigen war. Die Strecke musste daher einschließlich der ebenen Gleise an den Bahnhöfen über eine Länge von 25 Kilometern ausgeführt

Bei Weizen bildet die Wutach die Grenze zwischen Deutschland und der Schweiz.

werden, obwohl die zu überwindende Entfernung nur 10 Kilometer in der Luftlinie beträgt. 1890 konnte die Wutachtalbahn dem Verkehr übergeben werden. In den Anfangsjahren verkehrten auf der Strecke täglich drei Personenzugpaare. Den intensivsten Betrieb erlebte die Wutachtalbahn Anfang Dezember 1923 aufgrund der französischen Besetzung von Offenburg, wodurch die Oberrheinstrecke und die Schwarzwaldbahn un-

terbrochen waren und weiträumige Umleitungen über die Hochrheinstrecke, Wutachtalbahn und Gäubahn erforderlich wurden. Mitte der 1930er-Jahre wurde entlang der Bahnstrecke Doggererz abgebaut, was dem Güterverkehr dieser Zeit einem gewissen Auftrieb verschaffte. Im Sommer 1944 fuhren außerdem mehrere Lazarettzüge über die Wutachtalbahn. Die Nutzung der Wutachtalbahn war aber sowohl in Friedens- als auch in Kriegszeiten mäßig. Zum einen verteuerte die künstliche Entwicklung in die Länge jede Fahrkarte und auch die Gütertarife. Die Fahrpläne und Kursbücher weisen während der gesamten Betriebszeit der Strecke nicht mehr als fünf Personenzüge und einen Güterzug pro Tag aus. Zum anderen war das Militär in beiden Weltkriegen nicht auf die Strecke angewiesen, obwohl sie oft von Militärzügen befahren wurde. Der durchgehende Verkehr zwischen den Bahnhöfen Lausheim-Blumegg und Blumberg-Zollhaus wurde 1955 eingestellt und fortan mit Omnibussen und Lkws abgewickelt. Ein kurzes Gastspiel gab in diesem Zeitraum im Wutachtal der Schienen-Straßen-Omnibus, ein sowohl auf der Straße als auch auf der Schiene lauffähiges Fahrzeug. Von 1962 bis 1965 wurde die Strecke auf Kosten der NATO durchgehend saniert. Der Personenverkehr auf dem 15 Kilometer langen Abschnitt Blumberg-Zollhaus – Hintschingen wurde 1967 eingestellt, die insgesamt 24 Kilometer lange Strecke Lauchringen – Lausheim-Blumegg folgte 1971. Im Jahr 1976 legte die Deutsche Bundesbahn den gesamten Abschnitt zwischen Weizen und Blumberg-Zollhaus still. Ab 1977 verkehrten auf der Strecke die ersten Museumsbahnzüge.

STRECKENVERLAUF

Immendingen – Blumberg-Zollhaus – Epfenhofen – Wutachblick – Fützen – Grimmelshofen – Weizen – Lauchringen

▼ Hügelige Schwarzwaldlandschaft mit den typischen Höfen bei Präg

▶ Vom historischen Stellwerk aus Konstanz hat man in Blumberg-Zollhaus eine gute Aussicht.

TIPPS & INFOS

ANREISE Zielbahnhöfe sind Weizen oder Blumberg-Zollhaus. Blumberg-Zollhaus wird von den Zügen der Hohenzollerischen Landesbahn, Verkehrsbetrieb Ringzug, angefahren. Ein Zustieg in die modernen RegioShuttle-Triebwagen ist in Immendingen (Schwarzwaldbahn von Karlsruhe und Konstanz) und Tuttlingen (Gäubahn von Stuttgart, Donautalbahn von Ulm) möglich. Weizen wird an Sonn- und Feiertagen mit dem Zug von Waldshut aus erreicht.

TICKETS Für die Züge im Vor- und Nachlauf der Museumsbahn sind alle regulären Fahrscheine der Deutschen Bahn AG, der Verkehrsverbünde und des BW-Tarifs gültig. Auch das Baden-Württemberg-Ticket und das Schüler-Ferien-Ticket besitzen dort Gültigkeit. Fahrkarten erhält man im Internet unter www.bahn.de und an den Automaten. Es findet kein Fahrscheinverkauf in den Zügen statt. Die Dampfzugfahrkarten für die Sauschwänzlebahn sind an den Schaltern in Blumberg und Weizen sowie im Vorverkauf bis zwei Tage vor Fahrtantritt über die Website www.sauschwaenzlebahn.de erhältlich.

MITFAHREN Die Züge der Sauschwänzlebahn verkehren von Mai bis September Do, Sa, So und im August auch freitags. Im Oktober fahren die Züge nur samstags und sonntags. Es gibt auch Züge, die mit der Diesellok bespannt werden sowie Nikolausfahrten im November und Dezember.
Die Zugbringerfahrten zwischen Waldshut und Weizen finden nur sonntags statt, während die Ringbahn-Züge auch werktags den Anschluss von Norden an die Sauschwänzlebahn sicherstellen. Tel. 07709 – 254, www.sauschwaenzlebahn.de

AUF EINEN BLICK

Eröffnung 1890
Fahrzeit Zubringerzug ab Immendingen: 23 Minuten
Streckenlänge 76 Kilometer (mit Zubringerzügen)
Dampfzug Blumberg-Zollhaus – Weizen: 58 Minuten
Anschlusszug nach Waldshut: 27 Minuten
Tunnelanzahl 6 (Gesamtlänge: 3356 m)
Höchstgeschwindigkeit 30 km/h
Zug Im Vor- und Nachlauf: Moderne Dieseltriebwagen, Baureihe 650 und 641, auf der Museumsbahn Dampflok mit Bundesbahn-Umbauwagen

13 Auf schmaler Spur

Dampfzüge verkehren zwischen Köbbinghauser Hammer und Hüinghausen durchs Sauerland

Das Flair längst vergangener Zeiten lässt sich mit der Sauerländer Kleinbahn immer wieder aufs Neue erleben. Die Museumsbahn erinnert mit historischen Zuggarnituren an das einst große Netz der Schmalspurbahnen im Sauerland.

Die Gleise der heutigen Museumsbahn mit einer Spurweite von 1000 Millimetern sollen an die vielen Schmalspurbahnen des Sauerlands erinnern, die in der ersten Hälfte des vorherigen Jahrhunderts zum festen Bestandteil vieler Ortsbilder zählten. Für die Region mit ihren Tälern und vielen Manufakturen bedeuteten die Gleise den Anschluss an die Welt und ermöglichten ein Überleben gegenüber anderen Regionen, die ebenfalls ihre Transporte auf der Schiene abwickeln konnten. Leider ist von all jenen Schmalspurbahnen und Kleinbahnen heute fast nichts mehr zu sehen.

Man muss bewusst durch die Region fahren, am besten mit dem Fahrrad, um überhaupt noch Durchlässe, Einschnitte oder ein Stück Bahndamm zu finden. Aus diesem Grund gibt es die Sauerländer Kleinbahn. Sie will auf ihren 2,3 Kilometern die Kleinbahnatmosphäre am Leben erhalten und als Freilichtmuseum nicht nur tote Fahrzeuge ausstellen.

In Hüinghausen lebt die Eisenbahn! Nachdem fast alle Kleinbahnen bereits in den 1960er-Jahren eingestellt wurden, ergab sich keine Möglichkeit, ein Stück für einen Museumsbahnverkehr zu erhalten. Weil diese Schmalspurbahnen oft auf Trassen auf oder direkt neben der Straße verliefen, ist ein Wiederaufbau äußerst aufwendig und teuer. Den Straßenraum haben heute LKW und PKW für sich gepachtet und nur äußerst widerwillig lässt man inzwischen auch wieder Platz für Radfahrer und Fußgänger. Durch die autogerechten Städte, Dörfer und Landschaften ist kein Platz mehr für eine Kleinbahn. Daher verläuft die Sauerländer Klein-

◀ Bei den historischen Bahnen findet man noch Zuglaufschilder an den Waggons.

▶ Immer wieder sind auch Gastdampfloks im Einsatz.

bahn auf einer Trasse, die einst eine »große« Normalspur-Staatsbahnstrecke war. Die Strecke Plettenberg – Herscheid wurde im Bereich zwischen Hüinghausen und Plettenberg-Oberstadt erst 1976 abgebaut, sodass die ehemalige Gleistrasse 1984 noch frei war, als die Märkische Museumseisenbahn den Bahnhof Hüinghausen erwarb. Die Stadt Plettenberg stellte dem Verein daraufhin die 2,5 Kilometer langte Bahntrasse zur Verfügung. Die Museumsbahn beginnt außerhalb

Langsam kommt die schöne bergische Landschaft zum Vorschein.

der eigentlichen Stadt Plettenberg in einem Industriegebiet, dem Köbbinghauser Hammer, nach dem auch der Bahnhof der Museumsbahn benannt ist. Früher gab es an dieser Stelle keinen Haltepunkt oder Bahnhof. Durch die Industrieanlagen hindurch erreicht der Museumszug auch bald die Station Köbbinghausen, die schon früher existierte. Erst auf der in Fahrtrichtung linken Seite, dann auch rechts, kommt langsam die schöne bergische Landschaft zum Vorschein. Vorbei am Bahnhof Seissenschmidt fährt die Bahn am linken Talrand dem Bahnhof Hüinghausen entgegen, der etwas außerhalb der gleichnamigen Ortschaft liegt. Dort enden die Gleise der Museumsbahn bis auf Weiteres.

Ein Weiterbau in Richtung Herscheid ist zwar angedacht, wird aber noch ein paar Jahre dauern. Die Trasse der Strecke kann zu Fuß besichtigt werden, der vorhandene Tunnel ist jedoch zugemauert. Eine früher verfolgte Überlegung, die Museumsbahn bis Pletten-

▲ Neben Bigge, Möhne und Sorpe zählt die Versetalsperre zwischen Lüdenscheid und Herscheid zu den großen Stauseen im Sauerland.

► Der Dampfzug auf freier Strecke unterhalb von Hüinghausen

berg-Oberstadt zu verlängern, ist mit dem Rückbau der Normalspurgleise von Plettenberg bis Plettenberg-Oberstand sinnlos geworden.

Kleine Geschichte der Bahn

Eigentlich ist die heutige Museumsbahn noch gar nicht so alt. Dadurch, dass auf der alten abgebauten Bundesbahnstrecke eine schmalspurige Museumsbahn errichtet wurde, müssen wir die Geschichte differenzierter betrachten. Zunächst einmal die wichtigsten Informationen zur ursprünglichen Bahnlinie Plettenberg – Herscheid, deren Trasse die heutige Bahn nutzen kann. Die Nebenbahn war insgesamt 16 Kilometer lang und konnte 1915 in Betrieb genommen werden. Parallel zur normalspurigen (1435 Mm) Bahnstrecke gab es die Plettenberger Kleinbahn, die in Plettenberg-Oberstadt und Eiringhausen mittels Übergabebahnhöfen bedient wurde. Die Normalspurbahn sollte über Herscheid nach Lüdenscheid weitergeführt werden, was aber aufgrund der finanziell schlechten Lage nach dem Ersten Weltkrieg wirtschaftlich nicht darstellbar war. Dadurch, dass die Strecke immer eine Stichbahn blieb, war das Verkehrsaufkommen auch übersichtlich. Schon früh wurden die Personen- und Güterzüge kombiniert und die Güterzüge mit Personenbeförderung angeboten. Zum Einsatz kamen preußische Dampfloks der Gattung T12 (spätere Baureihe 74) und T14(Baureihe 93). Nach dem Zweiten Weltkrieg eroberten Schienenbusse die Strecke, doch dem kränkelnden Personenverkehr halfen die modernen Fahrzeuge auch nicht mehr. Er endete bereits 1965. Auch der Güterverkehr war nicht überlebensfähig. 1969 war damit auch zwischen Plettenberg-Oberstadt und Herscheid das Ende erreicht. Während die Gleise zwischen Herscheid und Hüinghausen schnell abgebaut wurden, blieben sie zwischen Plettenberg-Oberstadt und Hüinghausen vorerst liegen. Erst 1976 wurden sie auch dort abgetragen. Bis 1996 gab es im Stadtgebiet von Plettenberg auf dem 6,3 Kilometer langen Reststück der Bahnlinie noch Güterverkehr. Doch leider konnte sich dieser ebenfalls nicht halten. Nun sind die Gleise auch dort ver-

schwunden. Nur die Viadukte und die große Stahlbrücke über die Lenne sind bis heute erhalten geblieben. Und nun zur Museumsbahn. Wie bereits gesagt, wurden die Gleise zwischen Plettenberg-Oberstadt und Hüinghausen erst 1976 abgetragen. Die Stadt Plettenberg wollte damit die Attraktivität ihres neuen Industriegebiets steigern. Nachdem die neuen Betriebe an einem Bahnanschluss jedoch kein Interesse hatten, wurden die Gleise abgebaut. Die Trasse blieb aber komplett erhalten und mit dem Kauf des Bahnhofs Hüinghausen durch den Eisenbahnverein ergab sich die Möglichkeit, einen Demo-Betrieb auf der alten Bahntrasse einzurichten.

▼ Die Stamm-Dampflok »Biberlies« der Museumsbahn

▶ Das waldreiche Rothaargebirge bei Wildewiese im Sauerland

Die Stadt Plettenberg stellte dem Verein die Grundstücke zur Verfügung. 1985 konnten die Gleisbauarbeiten beginnen und zwei Jahre später war das bis heute vorhandene Gleis fertiggestellt. In den 1990er-Jahren gab es übrigens Überlegungen, zwischen Plettenberg und Hüinghausen einen modernen Stadtbahnverkehr zu errichten. Doch verwirklicht wurde dies nicht.

Sehenswertes entlang der Strecke

Museumsstollen Bleierzgrube Ab in die Grube: Im Museumsstollen Bleierzgrube »Neu Glück« gibt es die Möglichkeit, Plettenberger Geschichte unter Tage zu entdecken. Mehr als 900 Jahre wurde in über 120 Gruben nach Erz gegraben. Mit dem Bau der Tunnels für die Umgehungsstraße Westtangente wurde 2006 ein alter Stollengang abgeschnitten. Daraus ergab sich die Chance, an die Bergbaugeschichte der Stadt zu erinnern – im Besucherstollen der 1755 von »Hermannus« Schantz gemuteten Bleierzgrube »Neu Glück«. Über den Stollen wacht die Heilige Barbara, die Schutzpatronin der Bergleute. Wer die Bleierzgrube besuchen möchte, braucht nicht über lange Wege zu Fuß in den Berg zu steigen: Der Stolleneingang liegt auf kurzem Weg erreichbar geradezu mitten in der Stadt. Tel. 02391 – 93 98 45.

Heimatmuseum Plettenberg Das Heimathaus Plettenberg liegt mitten im historischen Stadtzentrum von Plettenberg. Es beherbergt ein kleines, aber sehenswertes Museum, welches sich mit der Stadtgründung und vor allem mit der industriellen Tradition der Stadt Plettenberg auseinandersetzt. In einem gesonderten Ausstellungsbereich finden zusätzlich historische Sonderausstellungen oder auch Kunstausstellungen statt. 02391 – 128 23

STRECKENVERLAUF

Hüinghausen – Seissenschmidt – Köbbinghauser Hammer

TIPPS & INFOS

MITFAHREN Zwischen April und Oktober fährt die Museumsbahn an den bestimmten Betriebstagen einmal im Monat. Viele Tage sind mit Sonderaktionen verbunden. Da gibt es zum Beispiel das Kartoffelfest oder Oldtimertage, aber auch Nikolausfahrten, für die man sich vorab Karten reservieren bzw. bestellen muss. Die Züge verkehren an den Betriebstagen von 11 bis 17 Uhr.

TICKETS Die Fahrkarten für die Museumszüge sind vor Ort beim Zugpersonal erhältlich. Nur für die Nikolausfahrten gibt es einen Vorverkauf. Diese Fahrten sind regelmäßig ausgebucht. Der Vorverkauf beginnt bereits jedes Jahr im September. Für diese Fahrten gibt es vor Ort keine Fahrkarten mehr.

ANREISE Mit der Bahn erreicht man den Startbahnhof der Museumsbahn in Herscheid-Hüinghausen leider nicht mehr. Wer aber mit der Bahn anreisen möchte, kann dies über zwei Bahnhöfe machen: von Siegen oder Hagen über die Ruhr-Sieg-Strecke (KBS-Nr.440) nach Plettenberg. Vom Plettenberger Bahnhof fährt der Omnibus der Linie 54 der Märkischen-Verkehrs-Gesellschaft (MVG) Richtung Lüdenscheid. Oder man fährt mit dem Zug ab Hagen oder Dortmund bis nach Lüdenscheid über die Volmetalbahn (Kursbuchstreckennr. 434). Ab dort fährt der Bus der Linie 54 Richtung Plettenberg. Zielhaltestelle des Busses ist Herscheid-Hüinghausen. Von dort sind es noch rund fünf Minuten Fußweg bis zum Bahnhof Hüinghausen. Die beste Verbindung findet man übrigens unter www.bahn.de. Dort sind auch die Busverbindungen aufgeführt. Einfach das Ziel Herscheid-Hüinghausen eingeben und schon zeigt es die optimale Verbindung für die An- oder Rückfahrt an.

KONTAKT Tel. 0700 – 553 46 22 46 und Tel. 02357 – 46 37 (nur an Betriebs- und Arbeitstagen), www.sauerlaender-kleinbahn.de

AUF EINEN BLICK

Eröffnung 1915 (ursprüngliche Normalspurbahn)
Eröffnung Museumsbahn 1989
Fahrzeit 43 Minuten (Hin- und Rückfahrt)
Streckenlänge 2,3 Kilometer
Spurweite heute 1000 Millimeter
Museumszüge Dampf- und Diesellok bespannte Züge

Während das Viadukt zur Bahnlinie von Leipzig nach Chemnitz gehört, fahren im Tal Draisinen.

Besonders unterwegs

14 Menschen statt Kohle

Unterwegs auf verschlungenen Wegen zwischen Regis-Breitingen und Meuselwitz

Die Kohlebahn Meuselwitz fährt auf einer rund 15 Kilometer langen Strecke durchs Altenburger Land. Fast jeden Sonntag ist die Bahn auf der rund zweieinhalbstündigen Tour von Meuselwitz nach Regis-Breitingen unterwegs.

Die Kohlebahn Meuselwitz ist längst kein Geheimtipp mehr. Eher ein Besuchermagnet in einem Landstrich, der jahrzehntelang umgegraben wurde. Zwischen Meuselwitz in Thüringen und Regis-Breitingen in Sachsen wurde Braunkohle aus Tagebaubergwerken gebaggert und in großen Fabriken anschließend zu Briketts gepresst. Zwischen den Abbaustellen und den Verarbeitungsbetrieben fuhren seit 1942 die Kohlebahnen. Zu DDR-Zeiten wurde der Zugbetrieb zwischen Meuselwitz und Regis-Breitingen sogar elektrifiziert und galt als eine der modernsten Grubenbahn-Strecken. Doch mit der Wende 1989/90 wurde alles anders. Die Zeit des »Schwarzen Goldes«, der Kohle, war in dieser Region sofort vorbei. Und die Kohlebahn mit all ihren Anlagen wurde nicht mehr gebraucht. Was für Generationen von Einheimischen zum alltäglichen Leben gehörte wie Luft und Wasser, was irgendwie auch ein Stück Heimat war, war plötzlich überflüssig. Was tun? Alles verschrotten?

Erfolgreiche touristische Nutzung

Glücklicherweise gab es schon in den 1990er-Jahren Menschen mit Weitsicht, die eine touristische Nutzung so einer Kohlebahn durchaus für möglich hielten. Mit dieser Überlegung fanden sie zusammen, die Gründer des Vereins Kohlebahnen. 1996 übernahmen sie, was sie aus den ehemaligen DDR-Braunkohlen-Betrieben zwischen Meuselwitz und Regis-Breitingen bekommen konnten. Sparsamkeit war schon seit der Vereinsgründung immer angesagt. Karsten Wal-

◀ Im Bahnhof Meuselwitz gibt es ein kleines Eisenbahnmuseum.

▶ Das Rathaus von Meuselwitz, einer kleinen Stadt im Altenburger Land

Sehenswertes

1. Orangerie, Meuselwitz

Die Orangerie Meuselwitz ist ein historisches Gebäude im hinteren Teil des ehemaligen Schlossparks, heute Von-Seckendorff-Park. Die Orangerie ist der letzte noch erhaltene Teil des Schlosskomplexes, der zunächst im 16. Jahrhundert aus einer Wasserburg entstand, 1676 in den Besitz der Familie von Seckendorff kam und neu errichtet wurde.

2. Rathaus, Meuselwitz

Das Rathaus wurde rund 1861 im neogotischen Stil errichtet. www.meuselwitz.de

3. Heimatmuseum, Meuselwitz

Das Heimatmuseum ist in einem der ältesten Häuser in Meuselwitz beheimatet. Das Fachwerkensemble, ein ehemaliges Weberhaus, stammt aus der Zeit um 1700. Seit 1996 können in den Ausstellungsräumen verschiedene Schwerpunkte der Meuselwitzer Geschichte nachvollzogen werden. www.meuselwitz.de

4. Hainbergsee, Meuselwitz

Der von einem kleinen Wäldchen umgebene See kann auf einem Wanderweg umrundet werden. An den See grenzt der ca. 220 Meter hohe Hainberg.

5. Haselbacher See

Der Haselbacher See ist ein Tagebaurestloch zwischen Regis-Breitingen und Haselbach.

6. Kulturpark Deutzen

Eine acht Hektar große Parkanlage, die zum Spazieren einlädt. www.kulturpark-deutzen.de

denburger erinnert sich an Zeiten, als nur ein, zwei Waggons unterwegs waren. »Mit 2000 Besuchern haben wir mal angefangen, jetzt haben wir zehnmal so viel in jeder Saison«, sagt er. Natürlich ist der Verein erfinderisch, um immer neue Gäste anzulocken. Ein Renner seit Jahren sind Westerntage. Einmal sorgte ein Weltrekordversuch mit drei Badenixen für Aufsehen. Der Verein hatte einen Kessel umgebaut und hoffte, damit die größ-

»Mit 2000 Besuchern haben wir mal angefangen, jetzt haben wir zehnmal so viel.«

te Badewanne der Welt zu kreieren. Der Versuch war es wert – die Gäste strömten in Scharen herbei. Inzwischen haben die rund 60 Vereinsmitglieder regelmäßig ein halbes Dutzend Höhepunkte in der Saison für ihre

▲ Im hinteren Teil des Von-Seckendorff-Parks in Meuselwitz befindet sich die Orangerie - Teil eines ehemaligen Schlosskomplexes.

▶ In Meuselwitz wechselt die Diesellok das Zugende.

Besucher: zum Männertag, Kindertag, am Tag der Industriekultur, bei den Westerntagen, mit Advents- und Weihnachtsfahrten. Die Fahrtstrecke zwischen Thüringen und Sachsen ist 15 Kilometer lang. Wer in Regis-Breitingen mit dem »großen« Zug ankommt, sucht die Abfahrtsstelle der Kohlebahn jedoch erst einmal vergeblich. Keine Schilder weisen auf den Bahnhof der Kleinbahn hin. Man muss ihn regelrecht suchen. Er befindet sich südwestlich des Haltepunktes der DB-Züge und ist über einen verkrauteten Feldweg erreichbar. Ihn zu finden ist schon Glück und Zufall auf einmal. Die Stationen der Kohlebahn sind: Regis-Breitingen, Haselbach, Wintersdorf, Schnaudertal und Meuselwitz. Besonders schön sind die Sonntagsfahrten mit Mittagstisch oder Kaffeegedeck im Salon am Halt Haselbach. Die Fahrt in den offenen Personenwagen führt zu großen Teilen durch den Kammerforst, weshalb die Bahn regional auch als Kammerforstbahn bezeichnet wird. Wer jedoch Industriebrachen und eine ausgebeutete Landschaft, wie sie teilweise in der Niederlausitz zu sehen ist, erwartet, wird enttäuscht. Die Fahrt führt durch Wald, Felder und eine gepflegte Landschaft. Nichts deutet mehr auf die Ausbeutung durch den Braunkohlebergbau hin, was aber auch daran liegt, dass die Bahn die Abbaugebiete nicht direkt erreicht.

Kleine Geschichte der Bahn

Bereits im 17. Jahrhundert begann nachweislich der Braunkohlebergbau im Altenburger Land. Der Altenburger Stadtphysikus Dr. Matthias Zacharias Pilling fand um 1671/72 nordwestlich von Rositz »brennende Erde«, die er anschließend in einer Abhandlung beschrieb. Doch es sollte noch bis ins 19. Jahrhundert dauern, bis der Braunkohleabbau Bedeutung erreichte. Nach dem Ende des Deutsch-Französischen Krieges 1871 und der damit einhergehenden Reparationsleistungen an das Deutsche Reich erfuhr der Bergbau im Altenburger Land besonders durch die 1872 eröffnete Bahnstrecke Altenburg – Meuselwitz – Zeitz einen Aufschwung, da mit der Bahn neue Absatzmärkte erschlossen werden konnten.

Doch die größte Bedeutung hatte der Braunkohleabbau zu DDR-Zeiten. In den 1960er-Jahren wurden die Grubenbahnen durch den vermehrten Abbau von Braunkohle immer wichtiger. Die meisten, unter anderem die Kohlebahn von Meuselwitz nach Regis-Breitingen, wurden elektrifiziert und die Stre-

cken mit modernster Technik ausgestattet. Nach der politischen Wende in der DDR verloren die Grubenbahnen schlagartig an Bedeutung. Viele Grubenbahnen wurden stillgelegt und zurückgebaut. Allerdings setzten sich zahlreiche Bürger für den Erhalt der Strecke ein und bewahrten sie so vor dem Rückbau. 1996 wurde der »Verein Kohlebahn e.V.« gegründet. Nachdem die Strecke von Bewuchs gereinigt und die Oberleitung abgebaut worden war, konnte sie wieder befahren werden.

Sehenswertes entlang der Strecke

Brikettfabrik Herrmannschacht Die Fahrt mit der Kohlebahn Meuselwitz kann man ideal mit einem Besuch der Brikettfabrik Hermannschacht verbinden. Für beide Attraktionen wird ein Kombiticket angeboten. Erhältlich ist das Ticket vor Ort. Als dritter Partner ist auch der Bergbau-Technik-Park beim Kombi-Ticket dabei. Er präsentiert in einem spannenden Bogen den kompletten Zyklus eines Braunkohlentagebaus. Ein spezieller Bereich im Park erinnert an den Heimatverlust und das Verschwinden ganzer Dörfer. Das Highlight des 5,4 Hektar großen Parks sind der große Schaufelradbagger und das Bandabwurfgerät des ehemaligen Tagebaus Espenhain. Die Brikettfabrik Herrmannschacht Zeitz zeigt und erklärt das Wesen der komplexen Braunkohlegeschichte in Mitteldeutschland. Nicht nur der Prozess, sondern auch Pflanzenarten, die vor vielen Jahr-

▼ Die barocke Martinskirche steht auf dem Marktplatz von Meuselwitz.

▶ In Regis-Breitingen beginnen die Fahrten mit der Kohlebahn.

tausenden zur Inkohlung beigetragen haben, werden präsentiert. Der einzigartige Maschinenbestand von 1889 untermalt die Zeit der Brikettproduktion in der Fabrik. Die Jahrhunderte währende Gewinnung, Veredelung und Nutzung der Naturressource Braunkohle beeinflusste die Industrie stark. Info: Tel. 03441 – 22 86 55, www.mut-zeitz.de

STRECKENVERLAUF

Meuselwitz Kulturbahnhof – Schnaudertal – Wintersdorf – Haselbach – Regis-Breitingen

TIPPS & INFOS

MITFAHREN Im Sommerhalbjahr verkehrt die Kohlebahn Meuselwitz an allen Sonntagen. Es gibt zwei feste Zugpaare.

TICKETS Fahrkarten sind nur vor Ort erhältlich. Es wird um Voranmeldung gebeten: Bürozeiten Mo bis Fr 9.30 bis 14.30 Uhr, Tel. 03448 – 75 25 50 und 03448 – 75 21 43, www.kohlebahnen.de

ANREISE Regis-Breitingen ist von Leipzig Hauptbahnhof mit der S-Bahn-Linien 5 in Richtung Altenburg bestens erreichbar. Der Bahnhof am anderen Ende der Strecke, Meuselwitz, ist derzeit ohne Personenverkehr.

AUF EINEN BLICK

Eröffnung 1942/1996

Fahrzeit einfach 48 bis 63 Minuten ohne Mittags-/Kaffeepause

Streckenlänge 14 Kilometer

Betrieb Juni bis Oktober an Sonntagen

Spurweite 900 Millimeter (wie Molli oder Inselbahn Borkum)

Zug Offene Waggons mit Diesellok oder E-Lok mit Stromaggregat

15 Die Kanonenbahn mit der Draisine befahren

Unterwegs zwischen Altenglan und Staudernheim

Rund 40 Kilometer lang ist die heute mit Draisinen befahrbare Glantalbahn. Die interessante Strecke führt über Brücken und einen Tunnel und ist in rund vier Stunden abzufahren. Motorlos, mit der Fahrraddraisine. Etwas Kondition ist allerdings erforderlich!

In grauen Vorzeiten bereisten Bahnmeister und Inspektoren mit Draisinen »ihre« Strecke. Die Draisine war Mittel zum Zweck und gehörte zum Alltagsleben einer Bahnstrecke. Dienstlich fährt heute kein Mensch mehr mit einer Draisine. Dagegen ist die Draisinenbahn eine neue Form der Eisenbahn; ein Schienenweg für den Betrieb mit Draisinen. Die rund 40 Kilometer lange Glantalbahn befindet sich im Südwesten von Rheinland-Pfalz und war Teil der 80 Kilometer langen und strategisch wichtigen Hauptbahn Bad Kreuznach – Odernheim – Lauterecken – Altenglan – Glan-Münchweiler – Homburg (Saar). Seit 1986 gibt es keinen Personenverkehr mehr auf der Glantalbahn. 1996 endete auch der Güterverkehr.

Rettung vor der Stilllegung

Die Gleise blieben vorerst liegen. Geblieben sind die Anschlussstrecken Lauterecken-Grumbach – Kaiserslautern und Kusel – Altenglan – Glan-Münchweiler – Landstuhl. Das Bundesland Rheinland-Pfalz hat mit der Deutschen Bahn AG einen Rahmenvertrag geschlossen, um Strecken ohne Verkehr vor dem Rückbau zu retten. Eine dieser Strecken ist die Glantalbahn. Das Projekt »Draisinenbahn« verhinderte die Entwidmung und den Rückbau. Nach der Gesamtstil-

◀ Jan, Cameron, Samuel und Jona genießen die Fahrt mit der Draisine.

▶ Ruine des ehemaligen Krankenhauses des Disibodenberg-Klosters bei Staudernheim

Sehenswertes

1. Remigiusberg, Altenglan

Von Altenglan aus kann man eine schöne Wanderung auf dem Remigiusberg bis zur alten Propstei unternehmen.

2. Herrmannsberger Höhentour, Bedesbach-Patersbach

Der beliebte Rundwanderweg führt entlang der Bachauen des Horschbaches mit Blick auf den imposanten Herrmannsberg. Außerdem bietet sich eine herrliche Panoramaaussicht auf Königsberg – Königsland und Glantal.

3. Gallusmarkt, Ulmet

In der Glantal-Gemeinde Ulmet wird seit Jahrhunderten um den Gallustag, dem 16. Oktober, herum von Dienstag bis Donnerstag das Gallusfest gefeiert, eines der ältesten Volksfeste in der Pfalz. www.vgka.de

4. Historische Ölmühle, St. Julian

Die 1730 erbaute Ölmühle in St. Julian gilt heute als eine der letzten betriebsfähigen Ölmühlen in ganz Europa. Heute wird das einzigartige Verfahren der Ölgewinnung nur noch zu Vorführzwecken demonstriert. www.sankt-julian.de

5. Besichtigungskalkbergwerk, Wolfstein

Seit mehr als vier Jahrzehnten gewährt das Besichtigungs-Kalkbergwerk in Wolfstein Besuchern der Region einen Einblick in die Welt unter Tage. In dem Stollensystem wurde noch bis zum Jahre 1967 von Otto Kappel Kalk abgebaut. www.kalkbergwerk.com

legung der Glantalbahn bestand der Wunsch der Landkreise Kusel und Bad Kreuznach, die Strecke zu erhalten und die Möglichkeit einer späteren Wiederbelebung offen zu halten. Dazu machte die Universität Kaiserslautern einen Vorschlag: eine Draisinenbahn. Die Glantalbahn ist heute eingleisig.

Geschichtsträchtige Strecke

Im Zuge der Betriebseinstellung wurden die Hochbauten wie Bahnhofsgebäude, Güterschuppen, Toilettenhäuschen, Bahnwärterhäuser, Stellwerke und Schrankenwärterhäuschen verkauft. Sie sind zum größten Teil als Wohnhäuser, Gaststätten oder Lagerschuppen noch vorhanden. Viele Gebäude sind in der ursprünglichen Form belassen und kaum verändert, gut gepflegt und als ehemalige Bahngebäude sofort erkennbar. Schranken, Signalanlagen und Beschilderungen wurden zurückgelassen und dem Verfall preisgegeben. Was bei Eisenbahnfahrten schnell vorüber huscht und kaum beachtet wird, kann hier beobachtet, untersucht und aus nächster Nähe mit viel Zeit studiert und erfasst werden. Die langen Bahnsteige lassen erahnen, welche Bedeutung die Strecke für den Berufsverkehr zu den Kohlengruben und Hüttenwerken im Saargebiet einst hatte.
Für Eisenbahnfreunde sind die Hinterlassenschaften hochinteressant. Man fühlt sich wie in einem großen Freilichtmuseum, dabei ist das alles eigentlich gar nicht museal, sondern einfach zurückgelassen. »Lost Trains« lässt sich dort live erleben. Landschaftlich ist die Strecke ungemein reizvoll. Sie folgt auf der ganzen Länge dem Glan, mehrfach wird die Flussseite gewechselt. Die Bahnhöfe liegen durchweg nahe den Ortskernen. Kurze Zuwege führen zum Ortsmittelpunkt. Fast jeder Ort ist geschichtsträchtig und hat besondere Sehenswürdigkeiten wie Kirchen, Rathäuser, Schlösser, Brücken und überall wunderschö-

▼ Bei der Glantal-Draisine ist die Strecke mit Schranken gesichert.

► Auch zur Anreise ist die Bahn ideal, hier in Lauterecken-Grumbach.

ne Fachwerkhäuser. Ulmet, St. Julian, Offenbach und allen voran Meisenheim, um nur einige zu nennen, sind besondere Kleinodien, und wer sich für Orgeln interessiert, stößt überall auf Orgeln aus der berühmten Hunsrücker Werkstatt der Gebrüder Stumm. Bei dem Betriebskonzept hat man sich für den Einrichtungsbetrieb entschieden, d.h. es fahren alle Draisinen an einem Tag nur in einer Richtung, und zwar an geraden Tagen von Staudernheim nach Altenglan und an ungeraden Tagen von Altenglan nach Staudernheim. Anfangs- und Endpunkt sind Altenglan und Staudernheim.

Die gesamte 40 Kilometer lange Strecke wird befahren. Etwa in Streckenmitte beim Bahnhof Lauterecken kann die Fahrt beendet und die Draisine zurückgegeben werden. Die Draisinenbahnhöfe befinden sich jeweils direkt bei den DB-Bahnhöfen. In Lauterecken und Altenglan gibt es wunderschöne und rustikal eingerichtete Bahnhofsgaststätten mit Freiplätzen, die zur Rast einladen. Fahrt runter oder rauf ist nicht relevant. Der Höhenunterschied von 50 Höhenmetern auf einer Strecke von 40 Kilometern ist kaum wahrnehmbar. Unangenehmer sind die langgestreckten überhöhten Kurven: Da muss man schon etwas kräftiger in die Pedale treten. Die Draisinen sind zwar weichengängig, aber alle Weichen sind festgelegt und die Herzstücke mit Flacheisen überbrückt. Auch an den Endpunkten gibt es keine befahrbaren Weichen. Unterwegs sind im Abstand von zwei bis drei Kilometern an geeigneten Stellen Kleinhaltepunkte

An besonders reizvollen Stellen sind Picknickplätze mit Tischen und Bänken eingerichtet

angelegt, wo die Draisinen ausgehoben und seitlich abgestellt werden können. An touristisch interessanten Stellen kann die Draisine verlassen werden. Informationstafeln machen auf die Sehenswürdigkeiten aufmerksam. An besonders reizvollen Stellen sind Picknickplätze mit Tischen und Bänken eingerichtet. Meisenheim ist ein Muss für ei-

nen ausgedehnten Ortsrundgang, am Bahnhof sind Gepäckschließfächer vorhanden. Die Glantaldraisine, ein speziell für die Glantalbahn entwickeltes Vehikel, besteht aus einem Rahmen mit vier einzeln aufgehängten Rädern, zwei höhenverstellbaren Sätteln auf Stützen mit Handgriffen, Fahrradpedalen und Kettenantrieb, Vorderradbremse und einer Sitzbank für zwei bis drei Personen.

▲ Einst Staatsgrenze zwischen Bayern und Preußen: die Luitpoldbrücke über die Nahe

▶ Die Klosterruinen auf Disibodenberg - hier lebte von 1112 bis 1147 Hildegard von Bingen.

Erfolgskonzept Fahrraddraisine

Unter und hinter der Bank ist genügend Stauraum für Picknickkorb oder Gepäck. Die Draisinen sind gelb, blau, grün und rot angemalt und wiegen rund 100 kg. Zum Aussetzen sind zwei Personen notwendig, an zwei Griffen können die Vorder- und Hinterräder ausgehoben und die Draisine auf der gepflasterten Fläche außerhalb des Gleisbereiches weggerollt werden. Bei Überholmanövern muss die langsamere Draisine aus- und wieder eingesetzt werden. Im Regelfall sind alle Draisinenfahrer freundlich und helfen sich gegenseitig. Man mietet eine Draisine für einen ganzen Tag und für die ganze Strecke. Der Mietpreis gilt pro Draisine unabhängig von der Anzahl der mitfahrenden Personen und der durchfahrenen Strecke. Von Mai bis Oktober wird täglich und ganztags gefahren. Der Fahrtverlauf ist völlig individuell, bis19 Uhr muss die Draisine zurückgegeben werden. Für die Rückfahrt steht der ÖPNV-Linienbus zur Verfügung, der parallel zur Glantalbahn fährt. Aufgrund der großen Nachfrage müssen die Draisinen vorbestellt werden. Der Mietvertrag wird bei der Ausleihstation unterschrieben und bei der Rückgabe der Draisine am Zielort bestätigt. Der Draisinenbetrieb wurde zu Saisonbeginn

Mai 2000 aufgenommen. Die Erwartungen wurden von Anfang an übertroffen.

Kleine Geschichte der Bahn

Mit den Draisinen befahren wir einen Teil der alten Glantalbahn, die ursprünglich von Homburg nach Bad Münster am Stein verlief. Die Bahnlinie wurde hauptsächlich aus strategischen Gründen gebaut. Deshalb bekam sie auch den Namen »Kanonenbahn«, der für viele Bahnlinien, die für den Nachschub zur Front sorgen sollen, vergeben wurde. Eröffnet wurde die Strecke auch in Etappen: Der Streckenabschnitt Glan-Münchweiler – Altenglan entstand bereits 1868 als Teil der Bahnstrecke Landstuhl – Kusel. In den Jahren 1896 und 1897 folgte der Abschnitt Lauterecken – Odernheim – Staudernheim, zunächst als Fortsetzung der 1883 eröffneten Lautertalbahn. Die übrigen Abschnitte Homburg– Glan-Münchweiler, Altenglan – Lauterecken und Odernheim – Bad Münster wurden 1904 eröffnet. In Odernheim teilte sich die Bahnstrecke in den seit 1897 bestehenden Ast nach Staudernheim und in den nach Bad Münster. Außer in den beiden Weltkriegen war die verkehrliche Bedeutung der Bahnlinie äußerst gering, was auch dazu führte, dass frühzeitig das zweite Streckengleis abgebaut wurde. Ab 1961 begann die Einstellung des Personenverkehrs, der ab 1986 komplett mit Omnibussen auf der Straße abgewickelt wurde. In den 1980er-Jahren waren auf der Glantalbahn Akku-Triebwagen im Einsatz, die heute wieder richtig modern wären. Der Deutschen Bundesbahn war die Unterhaltung und Wartung allerdings im Vergleich zu Dieseltriebwagen zu teuer. Seit

1996 sind die Gleise der Draisinenbahn stillgelegt. Zwischen Waldmohr und Glan-Münchweiler sowie zwischen Odernheim und Bad Münster ist die Glantalbahn sogar abgebaut. Im Jahr 1909 ging die Glantalbahn zusammen mit den übrigen Bahnstrecken innerhalb der Pfalz in das Eigentum der Bayerischen Staatseisenbahnen über. Und jetzt kommen wir wieder zu den militärischen Punkten: Ab Odernheim verlief die Glantalbahn über Duchroth ursprünglich

◀ Der Brunnen vor dem Untertor in der historischen Altstadt von Meisenheim am Glan

▼ So sieht man eine Bahnstrecke nur als Lokführer oder Draisinenfahrer.

▶ Meisenheim hat wunderschöne Fachwerkhäuser.

rechts der Lahn und parallel zur Lahntalbahn bis Bad Münster am Stein, weil die Nahe die Grenze zwischen Preußen (Rheinland) und Bayern (Pfalz) bildete. Dieser Streckenabschnitt ist jedoch längst abgebaut und nur noch teilweise nachzuvollziehen.

STRECKENVERLAUF

Altenglan – Bedesbach-Patersbach – Ulmet – Niederalben-Rathsweiler – Eschenau – St.Julian – Glanbrücken – Offenbach-Hundheim – Wiesweiler – Lauterecken-Grumbach – Medard – Odenbach – Meisenheim – Raumbach – Rehborn – Odernheim – Staudernheim

TIPPS & INFOS

MITFAHREN Als Einzelreisender kann man leider die Draisinentour nicht buchen. Mindestens zwei (erwachsene) Fahrer sind für die 40 Kilometer lange Strecke erforderlich. Die Tour eignet sich ideal als Geburtstagsausflug mit der Familie oder als Vereinsausflug. Wichtig: Rechtzeitig buchen!

TICKETS Buchen kann man die Draisine über wie Webseite: www.draisinentour.de. Die Bezahlung erfolgt über die gängigen Bezahlsysteme wie Paypal, GiroPay oder Kreditkarte.

ANREISE An drei Orten kann man mit der Fahrraddraisine starten: Staudernheim, Altenglan und Lauterecken-Grumbach. Alle drei Orte verfügen über einen Bahnanschluss, der stündlich bedient wird. Auf der Website www.bahn.de findet man die passende Verbindung. Wer mit dem Quer-durchs-Land oder Rheinland-Pfalz-Ticket anreist, sollte unbedingt darauf achten, dass nur Nahverkehrszüge genutzt werden.

AUF EINEN BLICK

Eröffnung 1904/ als Draisinenbahn 2000
Fahrzeit 4 Stunden
Streckenlänge 40 Kilometer
Meisenheimer Tunnel 70 Meter
Spurweite 1435 Millimeter Normalspur
Zug Fahrraddraisine

16 Mit der Kraft der Sonne

Die Solardraisine zwischen Mörlenbach und Unter-Waldmichelbach im Odenwald

Mörlenbach liegt an der Strecke von Weinheim nach Fürth. Früher verzweigte sich dort die Bahn. Ein Ast führte nach Fürth, der andere nach Wahlen. Längst verkehren nach Wahlen keine Züge mehr – dafür aber Solardraisinen bis Unter-Waldmichelbach. Eine Fahrt durch Tunnel und über Viadukte!

Eine der schönsten denkmalgeschützten Eisenbahnstrecken Europas ist die Überwaldbahn von Mörlenbach nach Unter-Waldmichelbach. Sie lädt zu einem unvergesslichen Ausflug ein. Egal ob mit der Familie, mit Freunden oder Kollegen, mit der weltweit ersten Solardraisine genießt man einzigartige Ausblicke und die herrliche Landschaft des Odenwaldes. Die Solardraisinen bieten Platz für bis zu acht Personen. Mit der gespeicherten Solarenergie wird der Antrieb so unterstützt, dass alle Steigungen spielend gemeistert werden können, ganz unabhängig von der körperlichen Fitness. Die Höchstgeschwindigkeit beträgt 15 Stundenkilometer.

Umweltverträgliches Transportmittel

Zu den Höhepunkten dieser Fahrt zählen neben der abwechslungsreichen Natur die drei großen Viadukte und die Fahrt durch zwei Tunnel. Für den Betrieb haben der Kreis Bergstraße und die Anliegergemeinden eine gemeinnützige Firma gegründet, die nun den Betrieb der Überwaldbahn steuert. Durch den Elektroantrieb ist die Solardraisine nicht nur bei Familien mit Kindern und Betriebsausflügen, sondern auch bei Senioren sehr beliebt. 10 % des für den Antrieb benötigten Stroms stammen aus den auf den Wagen montierten Solarmodulen und 20 % werden durch die Rückgewinnung von Energie beim Bremsen bei der Talfahrt eingespeist. Für die einfache Fahrt auf der 9,6

◀ Mit der Solardraisine ist die Bergfahrt keine besondere Anstrengung.

▶ Messbach liegt in der idyllischen Landschaft des Odenwalds.

Sehenswertes

1. Natur-Kraft-Weg, Mörlenbach

Der Natur-Kraft-Weg Mörlenbach bietet herrliche Aus- und Weitblicke und verborgene, geheimnisvolle Plätze zur inneren Einkehr. Mit seinen unterschiedlichen Energiequalitäten bietet der Natur-Kraft-Weg Möglichkeiten für Naturerfahrung, Regeneration, Meditation sowie Inspiration. www.naturkraftweg-moerlenbach.de

2. Alla Hopp! Anlage, Mörlenbach

Eine von der Stiftung »Alla hopp! – aktives Leben für alle« gespendete Bewegungs- und Begegnungsanlage. Die Aktion ist ein Angebot für alle und verbindet Jung und Alt durch die Freude an der Bewegung.

3. Kunstweg nach Waldmichelbach

Viel Abwechslung verspricht die gut 12 Kilometer lange Rundwanderung von der Kreidacher Höhe über den Kunstweg auf die Tromm und nach Waldmichelbach. Die Wanderung von wird begleitet von zeitgenössischen Kunstwerken links und rechts des Wegs sowie schönen Aussichten auf den Überwald.

4. Wanderweg zwischen den Draisinen-Bahnhöfen

Die Fahrt mit der Solardraisine ist auch nur als Hin- und Rücktour buchbar. Wer von Mörlenbach nach Waldmichelbach gefahren ist, kann auf einer einfachen, kurzen Wandertour die Strecke zurückwandern.

Kilometer langen Strecke benötigt man in etwa eine Stunde. Die Solardraisine wird rund 5000-mal im Jahr gebucht. Nach dem Start in Mörlenbach führt die Strecke mehr oder weniger stetig bergwärts. Mal durchfährt man Waldabschnitte, mal kommen wieder Wiesen, bei denen man den freien

▲ Wer spontan mit der Solardraisine fahren möchte, hat unter der Woche gute Chancen. Am Wochenende empfiehlt sich eine Reservierung.

◀ Der Ulfenbach durchfließt den südhessischen Teil des Odenwalds.

▶ Romantisch verlaufen die Schienen der Überwaldbahn.

Mal durchfährt man Waldabschnitte, mal kommen wieder Wiesen.

Ausblick ins Tal genießen kann. Es gibt Bahnübergänge für Viehtrieb, wo man als Draisinenfahrer Rücksicht nehmen sollte. Höhepunkte sind die Befahrung der Viadukte. Das 26 Meter lange Weiherer Viadukt gibt einen Vorgeschmack auf das markante Vöckelsbacher Viadukt mit 135 Metern Länge. Es folgen noch das Mackenheimer Viadukt und nach dem kurzen Mackenheimer Tunnel das Kreidacher Viadukt. Dann folgt die Überquerung einer Autostraße. Die Draisine muss vor der roten Ampel gestoppt werden, wofür der Beifahrer aussteigen und einen Druckknopf betätigen muss. Dann werden die Ampeln für die Autofahrer auf Rot geschaltet.

Wenige Minuten später erreicht man den 679 Meter langen Waldmichelbacher Tunnel, der innen sogar beleuchtet ist. Anschließend fällt die Strecke zum heutigen Endbahnhof Unter-Waldmichelbach ab.

Kleine Geschichte der Bahn

Die bergige Landschaft des vorderen Odenwalds und der Kreidacher Höhe machten den Bahnbau der Überwaldbahn zu einer kleinen ingenieurstechnischen Meisterleistung, weshalb die Strecke zwischen Mörlenbach und Wald-Michelbach auch heute ein Kulturdenkmal nach dem hessischen Denkmalschutzgesetz ist.1898 begannen die Bauarbeiten der Strecke mit ihren zwei Tunnels und drei Viadukten, die schließlich mit der Eröffnung der Bahnlinie 1901 ihren erfolgreichen Abschluss fanden. Der Personen- und Güterverkehr entwickelte sich im Lauf der Jahre zufriedenstellend. Nach dem Zweiten Weltkrieg wurde der

Personenverkehr auf Schienenbusse umgestellt, da diese viel preiswerter im Unterhalt waren. Während für einen Dampfzug mindestens drei Mann als Zugpersonal benötigt wurden, kam der Schienenbus nur mit Lokführer und Schaffner/Zugführer aus. Die Stelle des Heizers auf der Lok konnte eingespart werden. Später fuhren die Schienenbusse sogar im Einmannbetrieb. Diese Zeit erlebte die Überwaldbahn jedoch nicht mehr mit Personenzügen. Seit Mitte der 1960er-Jahre war der Güterverkehr der Coronet-Werke stark angestiegen, der Personenverkehr jedoch rückläufig, sodass 1983 der letzte Personenzug fuhr. Nachdem die Coronet-Werke von Affolterbach nach Wald-Michelbach verlagert wurden, war auf dem Teilstück Unter-Waldmichelbach – Wahlen auch der Güterverkehr rückläufig und wurde 1984 eingestellt. 1985 wurden die Gleise zwischen Unter-Waldmichelbach und Wahlen demontiert. 1994 verkehrte der letzte Güterzug auf der Reststrecke. Soweit das ganz normale Schicksal einer deutschen Nebenbahn. Bereits in den 1990er-Jahren gab es Planungen zur Reaktivierung der Bahnlinie für den Personenverkehr, die jedoch erhebliche Investitionen erfordert hätten, die aber niemand übernehmen wollte. So entstand hauptsächlich zur Erhaltung als Eisenbahnstrecke die

Die Solardraisine ist heute ein touristisches Highlight der Region.

▼ Das Felsenmeer im Lautertal mutet mystisch an, vor allem bei Nebel.

▶ Eisenbahntunnel mit Gitter und Toren findet man auch selten.

Nutzung mit Draisinen, um später einmal wieder die Bahnlinie auch für Nahverkehrszüge nutzen zu können. Die Solardraisine wurde allerdings viel teurer als geplant. Daher kam das Draisinenprojekt sogar ins Schwarzbuch des Bundes der Steuerzahler. Die Solardraisine ist heute ein touristisches Highlight der Region und wird nicht mehr infrage gestellt, außer durch Überlegungen, die Strecke doch wieder mit Nahverkehrszügen zu befahren. Das wird mittel- und langfristig auch erfolgen, sodass es sich empfiehlt, sofort einen Besuch bei der Solardraisine zu planen.

STRECKENVERLAUF

Mörlenbach – Weiher – Kreidach – Waldmichelbach

TIPPS & INFOS

MITFAHREN Auf der eingleisigen Strecke gibt es zwei, in der Hauptsaison sogar drei Zeitfenster für die Bergfahrt nach Unter-Waldmichelbach. Zwischen 10.15 und 11 Uhr sowie zwischen 16.45 und 17.30 Uhr kann man in Mörlenbach starten. Die Rückfahrt ab Unter-Waldmichelbach ist um 14 bis 14.45 Uhr sowie 19 bis 19.30 Uhr möglich.

TICKETS Es ist fast zwingend erforderlich, eine Draisine online oder telefonisch zu buchen. Natürlich kann man es auch ohne Reservierung versuchen – allerdings kann es dann sein, dass man keine Draisine mehr bekommt. Reservieren kann man unter www.solardraisine-ueberwaldbahn.de oder Tel. 06207 – 204 91 30.

ANREISE Der Bahnhof Mörlenbach liegt direkt an der Bahnstrecke Weinheim – Fürth, die im Stundentakt bedient wird. Deren Ausgangspunkt Weinheim ist sogar ein IC-Bahnhof mit überregionalen Anschlüssen. Vom Bahnhof Mörlenbach sind es rund 300 Meter Fußweg über die Straße in Richtung Ortsmitte zum Bahnhof der Solardraisine.

AUF EINEN BLICK

Eröffnung 1901/2013
Fahrzeit rund eine Stunde
Streckenlänge 8,6 Kilometer
Waldmichelbacher Tunnel 679 Meter
Spurweite 1435 Millimeter
Zug elektrische Motordraisine

17 Auf offenen Wagen

Von Ernstthal nach Gräfenthal auf den Gleisen der Max- und Moritzbahn im Thüringer Wald

Eine Bereisung der Max- und Moritzbahn zwischen Ernstthal und Gräfenthal kann mit einem Flachwagen mit Zwei-Wege-Zugmaschine für Gruppenfahrten gebucht werden. Eine der schönsten Bahntouren in Deutschland.

Ein echter Geheimtipp ist die Mitfahrt mit den offenen Waggons auf der Max- und Moritzbahn im Thüringer Wald. Es findet sich kaum Werbung für diese Fahrten, die durch eine einmalig schöne Landschaft führen. Der stillgelegte Abschnitt von Schmiedefeld nach Probstzella wurde im Volksmund auch als Zoptetalbahn nach dem parallelen Fluss benannt. Bekannter ist jedoch der Name Max- und Moritzbahn. Dieser entstand wegen der Anbindung der Porzellanfabrik Carl Moritz in Taubenbach, die 1848 bis 1939 existierte, und den Erzgruben der Maxhütte Unterwellenborn in Schmiedefeld. Der Bahnhof Taubenbach heißt heute Schmiedfeld bei Probstzella. Der Personenverkehr auf dieser Bahnlinie zwischen Ernstthal und Probstzella wurde Ende der 1990er-Jahre nach einer Messzugfahrt von einem Tag auf den anderen eingestellt. Der Güterverkehr war mit dem Ende der DDR bereits massiv eingebrochen und damals schon faktisch nicht mehr vorhanden.

Züge durch Busse ersetzt

Die offiziell ungeplante und überraschende Einstellung des Schienenverkehrs führt bis heute zu einem Schienenersatzverkehr, der jedoch, wie überall, keine Alternative zur Eisenbahn ist. Gründe hierfür sind der schlechte Fahrkomfort auf den engen kurvenreichen Straßen, die unübersichtlichen Fahrpläne sowie das Tarifsystem, das nicht mit dem der Bahn verglichen werden kann. Interessant ist die Tatsache, dass bereits zwei Stunden nach der finalen Fahrt mit dem Messzug das

◀ Das sehr freundliche Personal gibt gerne Auskünfte und unterhält die Fahrgäste.

▶ Blick über den Thüringer Wald, hier bei Schmalkalden

Sehenswertes

1. Museum für Glaskunst, Lauscha

Lauscha gilt als Geburtsstadt des gläsernen Christbaumschmuckes. Das Museum für Glaskunst in Lauscha gibt einen Einblick in das Leben und Schaffen der Glasbläser von einst und heute und bietet viele Vorführwerkstätten und Geschäfte, in denen Kunstglasbläser ihr Handwerk vorführen und ihre Unikate zum Kauf anbieten. www.glasmuseum-lauscha.de

2. Morassina Schaubergwerk, Schmiedefeld

Direkt im Zentrum des Thüringer Waldes befindet sich das Schaubergwerk Morassina mit dem Heilstollen Sankt Barbara. Mit seinen Tropfsteinen in vielfältigen Formen und Farben verzaubert das Schaubergwerk seine Gäste. www.morassina.de

3. Burg Lauenstein, Ludwigsstadt

Die im Norden von Kronach gelegene Burg Lauenstein geht auf das 12. Jahrhundert zurück und weist Elemente des Historismus und des Jugendstils auf. www.schloesser.bayern.de

4. Porzellan aus Lichte

Seit 1764 wird in Lichte »Weißes Gold« – Porzellan gefertigt. Mit einem Besuch in den dortigen Porzellanbetrieben kann sich ein Einblick in dieses traditionelle Handwerk verschafft werden.

komplette Programm inklusive Bussen und Fahrer für den Schienenersatzverkehr startklar war.

▲ Ein Erlebnis ist die Fahrt über die großen Viadukte bei Lichte.

► In der Gegend des Thüringer Waldes kann man auch wunderbar wandern.

Stimmungsvolle Waldlandschaft

Es ist zu vermuten, dass die Einstellung des Schienenverkehrs mit langer Hand vorbereitet wurde. Heute wird die Bahnlinie vom gemeinnützigen Förderverein Max- und Moritzbahn unterhalten. Der Verein ist ein Ableger vom Deutschen Bahnkundenverband und verfolgt das Ziel der Wiederinbetriebnahme als vollwertige Eisenbahn. Bis es soweit ist, werden Draisinenfahrten angeboten. Neben den »normalen« Fahrraddraisinen, auf die wir hier gar nicht näher eingehen wollen, können Gruppen beim Förderverein eine Fahrt auf einem offenen Flachwagen, der von einer Zugmaschine gezogen wird, buchen. Die Fahrt kann in Ernstthal beginnen. Dazu ist ein kurzer Fußweg auf den stillgelegten Gleisen erforderlich. Bis Ernstthal verkehren die Dieseltriebwagen der Südthüringen-Bahn, die den Anschluss an die große weite Welt in Sonneberg herstellen.

Die Fahrt über die großen Talviadukte auf den Flachwagen bietet vor allem im Herbst einmalige Ausblicke und eine besondere Stimmung. Auf Anfrage versorgt der Förderverein die Gruppe auch mit Getränken und Grillgut. Die Fahrtstrecke ist dabei variabel. Von Ernstthal bis Gräfenthal sind die Gleise befahrbar. Wem die 18 Kilometer zu lang sind, der kann auch die Strecke bis Schmiedefeld (bei Probstzella) buchen. Dann wird allerdings die Tunneldurchfahrt durch den 125 Meter langen Froschbergtunnel verpasst. Zeitlich ist man bei der Fahrt ziemlich flexibel, da man keine Rücksicht auf andere Verkehrsteilnehmer nehmen muss.

Kleine Geschichte der Bahn

Erbaut wurde die beeindruckende Bahnstrecke mit großen Talviadukten in Etappen. Der Bau des 14,6 Kilometer langen nördlichen Abschnittes von Probstzella nach Taubenbach wurde 1896 durch die Königliche Eisenbahndirektion Erfurt der Preußischen Staatsbahn in Angriff genommen. 1898 wurde der Streckenabschnitt bis Taubenbach (heute Schmiedefeld) in Betrieb genommen, die anschließenden 1,6 Kilometer bis Bock-Wallendorf ein Jahr später. Hier waren es neben der Porzellanindustrie vor allem die Schmiedefelder Eisenerzgruben, von der Maximilianhütte Unterwellenborn 1888 erworben wurden, die Transportbedarf mit der Eisenbahn hatten. Bis zur Schließung der Eisenerzgrube 1972 wurden rund 8,5 Millionen Tonnen Chamositerz auf der Strecke abtransportiert.

Die Fahrt über die großen Talviadukte bietet vor allem im Herbst einmalige Ausblicke.

Zur Verbesserung der wirtschaftlichen und sozialen Lage der auf dem Kamm des Thüringer Schiefergebirges liegenden Gemeinden bewilligte das preußische Abgeordnetenhaus 1909 für das Projekt »Bock-Wallendorf – Neuhaus-Igelshieb mit Abzweig von Ernstthal nach Lauscha« 5,8 Millionen Mark.

Im Land der Glasbläser

Die Unternehmer der Porzellanindustrie in Lichte und in Wallendorf hatten den Lückenschluss zur Strecke nach Coburg vehement gefordert, schwierige Eigentumsverhältnisse die Planungen jedoch verzögert. In den Glasbläsergemeinden auf dem Gebirgskamm wurde das Projekt vorbehaltlos begrüßt. 1911 der Bau des Streckenabschnittes zwischen Bock-Wallendorf (später Lichte (Thür) Ost) über Ernstthal nach Lauscha sowie einer drei Kilometer langen Strecke von Ernstthal nach Neuhaus. Die Bauarbeiten wurden größtenteils durch Wanderarbeiter aus Italien und der Schweiz ausgeführt. Die Eröffnung der Strecke fand nach über zweijähriger Bauzeit 1913 statt. Bedeutung erlangte die Strecke bereits früh für den Tourismus, der damals noch anders hieß.

Mit der deutschen Teilung wurde Probstzella zum Grenzbahnhof der Hauptbahn Berlin – Nürnberg – München und damit konsequent abgeriegelt. Für die Züge aus Ernstthal, Lichte und Gräfenthal wurde eine neue Kurve zur Umfahrung vom Grenzbahnhof Probstzella

▼ Nicht weit von Gräfenthal liegt der Aussichtsturm Thüringer Warte.

► Die Fahrten sind gut besucht. Nur die Zuführungen sind Leerzüge.

gebaut. Der Ort bekam einen kleinen Haltepunkt an dieser Verbindungskurve. Insbesondere der Einsatz der Dampflokbaureihe 95 sorgte Ende der 1970er-Jahre für viele Westbesucher an der Strecke, obwohl diese teilweise im 5-Kilometer-Sperrgebiet zur innerdeutschen Grenze lag. Später kamen die rumänischen Großdieselloks mit dem Spitznamen U-Boot auf der Strecke zum Einsatz. Als U-Boot wurden die Loks bezeichnet, weil sie an der Seite runde Fenster hatten und regelmäßig »abtauchten«, d.h. für den Betrieb nicht zur Verfügung standen. Zeitlebens waren diese Maschinen sehr störanfällig.

STRECKENVERLAUF

Ernstthal – Lichte – Lichte Ost – Schmiedefeld – Lippelsdorf – Gerbersdorf – Gräfenthal

TIPPS & INFOS

MITFAHREN Die Fahrten sind so früh wie möglich beim Förderverein zu buchen.
TICKETS Gibt es in dieser Form nicht. Die Bezahlung der Tour erfolgt direkt beim Fahrer.
ANREISE Ernstthal ist mit den Zügen der Südthüringenbahn von Sonneberg aus erreichbar. Von Nürnberg nach Sonneberg gibt es einen schnellen Direktzug.
KONTAKT Max & Moritz-Bahn DBV_Förderverein e.g.V., Waschdorf 17, Ortsteil Lichte, 98724 Neuhaus, www.foerderverein-max-und-moritzbahn.jimdofree.com. Für Bestellungen und Anfragen telefonisch unter 0163 – 186 14 92 bei Herrn Bartsch (stellvertreter Vorstand) von 9 bis 20 Uhr.

AUF EINEN BLICK

Eröffnung 1913/2012
Fahrzeit variabel nach Fahrtlänge
Streckenlänge max. 18 Kilometer
Höhe Piesau-Viadukt 30,5 Meter
Länge Froschbergtunnel 125 Meter
Zug Zugmaschine mit offenem Flachwagen

18 Bis nach Amerika und zurück

Ab Rochlitz mit den Schienentrabis unterwegs

Der Bahnhof Rochlitz ist der Ausgangspunkt für die nicht alltägliche Bahnfahrt. Durchs romantische Muldental knattern regelmäßig Schienentrabis auf stillgelegten Gleisen. Eine Strecke führt an der Station »Amerika« vorbei. Ein unvergessliches Erlebnis.

Regelmäßig ausgebucht sind die Fahrten mit dem Schienentrabi im Muldental. Dabei handelt es sich keineswegs um einen Trabant auf Schienen, sondern um eigens für die Deutsche Reichsbahn gebaute Gleiskrafträder. Beim Bau der Fahrzeuge wurde natürlich ins Regal der Straßenfahrzeuge gegriffen. Der Motor stammt zum Beispiel aus dem Trabant 500, die Trommelbremse kam vom IFA F8, dem Wartburg-Vorgänger. Rund 100 Fahrzeuge dieses Typs gab es einst.

Größte Station der Muldentalbahn

Hier im Muldental ist der einzige Ort, wo man ganz offiziell mitfahren kann. Wer mit 20 km/h unterwegs ist, sieht natürlich deutlich mehr von der Landschaft links und rechts der Eisenbahn. Die Fahrten beginnen im Bahnhof Rochlitz, der 1872 seinen Eisenbahnanschluss zuerst mit der Eröffnung der Strecke nach Narsdorf erhielt. Als größte Station der Muldentalbahn hatte Rochlitz ein eigenständiges Bahnbetriebswerk mit einem 12-ständigen Ringlokschuppen. Heruntergestuft zur Einsatzstelle des Bahnbetriebswerks Glauchau bestand diese noch bis 1994. Nach dem Rückbau der meisten Gleise im Jahre 2008 ist von der einstigen Größe nichts mehr

◀ Der Bahnlinie im Muldental drohte mehrmals der Rückbau zugunsten eines Radwegs.

▶ Das Renaissanceschloss Colditz, erstmals 1523 erwähnt, erhebt sich über der Zwickauer Mulde.

Sehenswertes

1. Friedrich-August-Turm, Rochlitz

Weithin sichtbar, errichtet auf dem Gipfel Rochlitzer Berges, gehört der 27 Meter hohe Aussichtsturm zu den Wahrzeichen der Stadt Rochlitz. Vollständig aus heimischem roten Porphyrtuff erbaut, ist er Botschafter für das weltweit in seiner Farbe, Ausprägung und Beschaffenheit einmalig vorkommende Vulkangestein des vor 275 Millionen Jahren entstandenen Berges. www.rochlitz.de

2. Porphyrlehrpfad, Rochlitzer Berg

Vor rund 275 Millionen Jahren aus der Asche eines Vulkans entstanden, gehört der Rochlitzer Berg seit 2004 zu den bedeutendsten Geotopen Deutschlands. An 15 Stationen erläutert der Rundweg des Porphyrlehrpfades Entstehung sowie Abbaugeschichte des Porphyrtuffs und gibt interessante Einblicke in die Geschichte des Steinmetzhandwerks.

3. Walderlebnispfad, Wechselburg

Auf seinen zehn Stationen vermittelt der idyllische Themenweg anschaulich Interessantes über die heimische Flora und Fauna. Beidseits des Weges werden Wanderfreunde zum Entdecken und Mitmachen eingeladen.

4. Kloster Wechselburg

Die Stiftskirche des Benediktinerklosters ist, als spätromanische Basilika, eine der am besten erhaltenen romanischen Großbauten östlich der Saale. Der Lettner gehört mit seinen Bildwerken zu den hervorragendsten Zeugnissen deutscher Kunst des 13. Jahrhunderts. www.kloster-wechselburg.de

übrig. Die Fahrt beginnt mit der Ortsdurchfahrt von Rochlitz. Als eine der ältesten Städte Sachsens wurde Rochlitz 1180 gegründet. Im Jahre 1380 erhielt die Stadt das Bleichprivileg, ein Gebiet an der Mulde wird noch heute als »Bleiche« bezeichnet. Ab 1682 stieg Rochlitz zur Garnisonsstadt auf.

Vulkangestein Rochlitzer Porphyr

Nach Ende des Zweiten Weltkrieges besetzten die Amerikaner 1945 kurzzeitig die Stadt. Nun wird die 257 Meter lange Muldenbrücke befahren. Der Blick fällt auf die Sankt-Petri-Kirche, die älteste Kirche des Rochlitzer Gebietes. Erstmals 1186 urkundlich erwähnt, fiel sie 1645 einem Brand zum Opfer. Nach dem Wiederaufbau bis 1668 erhielt sie ihr heutiges Aussehen. Hinter der Kirche erhebt sich das Rochlitzer Schloss mit seinen beiden markanten Türmen. Wer mit dem Schienentrabi unterwegs ist, kann sich gut an den Kilometertafeln orientieren. Bei Kilometer 37,7 folgt die Ortsdurchfahrt Zaßnitz, bei Kilometer 36,9 eine ehemalige Sandverladeanlage. Diese wurde bis 1977 genutzt. Bei Kilometer 35,7 lag einst der Haltepunkt Steudten. Er war früher Kreuzungsbahnhof mit zwei Bahnsteiggleisen sowie einem Ladegleis. Nach dem Rückbau in einen Haltepunkt in den 1970er-Jahren, ist das Empfangsgebäude zum Wohnhaus umgebaut worden. Bei Kilometer 35,2 und 34,8 ist für kurze Zeit die Spitze des Friedrich-August-Turmes auf dem Rochlitzer Berg sichtbar. Unterhalb an der Mulde ist die Hängebrücke zwischen Fischheim und Sörnzig zu erkennen. Nach Überquerung der Ortsverbindungsstraße nach Wechselburg hat man einen sehr schönen Ausblick auf den Ortsteil Sörnzig sowie auf den 353 Meter hohen Rochlitzer Berg, bekannt durch den nur hier vorkommenden und auch als Sächsischen Marmor bezeichneten

▼ Der Anblick von Rochlitzer Porphyr Gestein ist faszinierend.

▶ Im Vergleich zum Viadukt sind die Draisinen richtig niedliche Fahrzeuge.

roten Rochlitzer Porphyr. Es ist ein durch vulkanische Aktivitäten vor ca. 250 Millionen Jahren entstandenes Gestein, bestehend aus Vulkanasche, die durch großen Druck marmorartig verkieselt wurde. Bei Kilometer 33,6 beginnt ein Geländeeinschnitt. Im Früh- und beginnenden Hochmittelalter befand sich auf dem Gipfel eine slawische Wallanlage.
1300 Meter weiter ist links die Felsformation des Wechselburger Burgstalles zu erkennen. Auf dem Gipfelplateau befand sich früher eine prähistorische Wallanlage. Die Strecke nähert sich auf einem Damm nun Wechselburg, hinter der Kurve wird das Einfahrsignal sichtbar. Im folgenden großen Geländeeinschnitt passieren wir die Ortslage Wechselburg. Kurz darauf wird auf der rechten Seite die das Ortsbild prägende evangelisch-lutherische St.-Otto-Kirche sichtbar. Ein weiteres das Ortsbild prägendes Bauwerk ist das Schloss mit der daran anschließenden romanischen Basilika. Sie ist wohl das bekannteste Gebäude von Wechselburg. Ein Besuch dieses bedeutenden Bauwerkes lohnt sich auf jeden Fall. Nun haben wir den Bahnhof Wechselburg erreicht. Bedeutenden Güterverkehr gab es durch Sandtransporte. Wechselburg wurde 1168 durch den Bau des Klosters gegründet. Nach einem kurzen Aufenthalt verlassen wir den Bahnhof in Richtung Göhren. An der Ausfahrt stehen noch alle vier Formsignale, welche heute noch von der einstigen

Ein Besuch des Schlosses mit der romanischen Basilika lohnt sich auf jeden Fall.

Bedeutung des Bahnhofes als Trennungsbahnhof der Mulden- und der Chemnitztalbahn künden. Kurze Zeit später überqueren wir die Verbindungsstraße in Richtung Hartha. Auf der linken Seite ist noch im Gelände der Sandgrube der Galgenberg zu sehen. Auf einem hohen Damm überqueren wir nun den Höselbach. Nun sieht man auf der

◀ Das Göhrener Viadukt überquert die Zwickauer Mulde.

▶ Vesperpause bei Bahnkilometer 31,6. Wer kennt den Bahnhof?

rechten Seite noch die Reste des einstigen Altzschillener Muldenwehres. Ein Hochwasser zerstörte 1954 dieses Bauwerk. Links verlässt hier die ehemalige Trasse der Chemnitztalbahn den gemeinsamen Bahnkörper.

Der Weg durchs Muldental

Auf einer 75 Meter langen stählernen Brücke überqueren wir nun die Chemnitz, unmittelbar rechts davon befindet sich die Mündung der Chemnitz in die Zwickauer Mulde. Parallel zur Zwickauer Mulde nähern wir uns langsam unserem Ziel Göhren. Linksseitig erheben sich immer wieder kleinere Felsformationen, welche den beschwerlichen Bau der Strecke erahnen lassen. Nun unterqueren wir das größte Brückenbauwerk des Muldentales, die Göhrener Brücke. Das Steinbogenviadukt mit einer Höhe von 68 Metern wurde bis 1871 im Zuge des Baus der Kieritzsch-Chemnitzer Eisenbahnlinie errichtet. Auf der rechten Seite rauscht die Mulde über das Göhrener Muldenwehr. Hier existierte seit 1608 ein Mühlenbetrieb. Heute dient die Anlage der Energiegewinnung. Rechts auf dem Hang liegt der Ortsteil Obergöhren mit seiner markanten Kirche. Im Inneren beherbergt die Kirche einen wertvollen Flügelaltar. Nach dem Überqueren einer weiteren stählernen Brücke erreichen wir vor dem Bahnübergang der Verbindungsstraße nach Cossen unseren Endpunkt der Reise. Dort ist der weitere Verlauf der Bahnlinie mit einem Zaun abgetrennt.

Kleine Geschichte der Bahn

Die Muldenthal-Eisenbahngesellschaft erhielt 1872 die Konzession zum Bau und Betrieb einer Eisenbahnstrecke zwischen Glauchau und Wurzen. Die Inbetriebnahme erfolgte in mehreren Schritten zwischen 1875 und 1877. Rund 100 Jahre war die Muldentalbahn unverzichtbar, insbesondere im Güterverkehr. Nachdem der Güterverkehr 1990 massiv eingebrochen war, wurde im Abschnitt zwischen Wurzen und Golzern 1996 der Güterverkehr eingestellt. Auf dem Planum entstand der Muldentalbahn-Radweg. Ab 1999 bestand zwischen Colditz und Rochlitz wegen schlechten Gleiszustands Schienenersatzverkehr. Die Einstellung des Abschnitts zwischen Colditz – Großbothen folgte 2000 und 2001 verkehrten die letzten Züge zwischen Rochlitz und Wechselburg. Schon zuvor kam das Ende der Güterzüge. Bis

31
6

August 2002 erreichte man den Bahnhof Wechselburg von Glauchau aus mit dem Zug. Für die 32 Kilometer lange Strecke benötigte er über eine Stunde. Nach Hochwasserschäden wurde der Bahnverkehr auf Dauer eingestellt. Ende 2015 verkaufte die DB AG die Strecke an die in Chemnitz ansässige Mittelsächsische Eisenbahninfrastrukturgesellschaft.

Denkmalgeschützte Strecke

Um den Rückbau der Gleisanlagen zu verhindern, wurde von Eisenbahnfreunden erreicht, dass die Strecke in die Denkmalliste des Landes Sachsen eingetragen wurde. Inzwischen konnten einige Anliegergemeinden Teile der Strecke kaufen. Ihr Ziel ist eine Wiederinbetriebnahme für den Reise- und Güterverkehr und die Einbindung der Strecke in das Netz der S-Bahn Mitteldeutschland. Bis dahin sind die Schienentrabi-Fahrten gesichert.

Sehenswertes entlang der Strecke

Schloss Rochlitz Hoch über der Zwickauer Mulde, malerisch auf einem schmalen, an der Nord- und Südseite steil abfallenden Ausläufer des Rochlitzer Berges, thront das Rochlitzer Schloss. Die Ursprünge der Burg reichen weit in die Vergangenheit. Es ist davon auszugehen, dass die Anlage bereits zum Zeitpunkt der ersten urkundlichen Erwähnung eines Burgwards Rochilinzi im Jahre 995 bestand. Als Mittelpunkt eines größeren Reichsgutkomplexes sah die Burg oft hohe Gäste, wie die verbürgten Aufenthalte von Kaisern und Königen eindrucksvoll belegen.

▼ Das sächsische Waldenburg trägt den Beinamen Töpferstadt.

▶ Vom Schloss in Rochlitz hat man eine gute Aussicht auf die Schienentrabi-Fahrten.

Das Schloss in seiner heutigen Gestalt ist das Produkt einer nahezu tausendjährigen Baugeschichte. Der Anblick des Schlosses wird bis heute wesentlich durch die Bauaktivitäten des 14. und 15. Jahrhunderts geprägt. Die massiven Türme, aber auch die repräsentativen Räume im Inneren der Burg, die mit prachtvollen Holzdecken und Wandvertäfelungen ausgestattet sind, bieten ein weitgehend unverfälschtes Bild einer spätmittelalterlichen Schlossanlage. Info: Sörnziger Weg 1, 09306 Rochlitz, Tel. 03737 – 49 23 10, www.schloss-rochlitz.de

STRECKENVERLAUF

Rochlitz – Steudten – Wechselburg – Streckenende

TIPPS & INFOS

MITFAHREN Abfahrtszeiten ab Bahnhof Rochlitz (Bahnsteig 1): 10, 12, 14 und 16 Uhr

TICKETS Vor Ort erhältlich. Eine Platzreservierung wird empfohlen: fahrer@schienentrabi.de, Tel. 037384 – 65 15, Familie Krauß.

ANREISE Ausgangsbahnhof ist Rochlitz. Vom Bahnhof Geithain fährt ein Kraftomnibus bis Rochlitz. Der bei der Auskunft angegebene Umstieg zum Bahnhof Rochlitz ist nicht erforderlich. Der Fußweg beträgt 200 Meter.

AUF EINEN BLICK

Eröffnung 1875, Schienentrabi ab 2010
Fahrzeit ca. 1 Stunde 50 Minuten, inkl. Fotohalt- und Stellwerksbesichtigung
Streckenlänge unterschiedlich
Höchstgeschwindigkeit 20 km/h
Spurweite 1435 Millimeter
Zug Gleiskraftrad Typ 1 »Schienentrabi«

Krumme Lanke
568

Die Berliner U-Bahn-Linie 1 fährt nicht überall im Untergrund und bietet daher beste Aussichten.

Belebte Großstadt

19 Unterwegs mit gelben Zügen

Die Berliner U-Bahn-Linie 1

Eine Fahrt auf Deutschlands schönster U-Bahn-Strecke führt uns in Berlin von der »echten« U-Bahn-Station Uhlandstraße über eine attraktive Strecke zum Bahnhof Warschauer Straße. Eine Reise von West nach Ost.

U-Bahnen gibt es in Deutschland in vielen Städten: in Hamburg, München und Nürnberg. Und in Berlin. Viele als U-Bahn bezeichnete Nahverkehrslinien sind keine echten U-Bahnen, wie die Stadtbahn in Stuttgart oder Frankfurt. Wie kann eine U-Bahn zu den 30 schönsten Bahnstrecken in Deutschland gehören? Ist der Autor jetzt verrückt geworden? Die Berliner U-Bahn ist eigentlich keine U-Bahn nach Vorbild der Untergrundbahnen in London oder Paris, sondern mehr eine Unterpflasterbahn und keinesfalls bombensicher, aber trotzdem größtenteils dunkel. Ein Grund für die Vorstellung der U1 in diesem Buch ist eindeutig auch der typische und geniale Geruch der Bahn.

Mal über, mal unter der Erde Berlins

Aber keine Angst. Nicht nur die für Bahnfreunde tolle Duftkombination aus den mit Teeröl getränkten Schwellen, feuchten Kellern, Strom und Abrieb an den Rädern sind ein Grund für einen Besuch der U1, nein, es ist eindeutig auch die Aussicht. Ja, Sie haben richtig gelesen: die Aussicht, bei einer Unterpflasterbahn! Ja, so ist es. Steigen wir ein zu einer besonderen Reise mit den Berliner Verkehrsbetrieben. Zunächst gehen wir bei der Endhaltestelle Uhlandstraße tatsächlich in den Untergrund. Empfangen werden wir dort vom typischen Geruch und Erscheinungsbild einer U-Bahn-Station. Die Fahrt beginnt und

◀ Die Henschel-BBC DE 2500 war eine bedeutende Versuchslok in den 1970er-Jahren.

▶ Auf der Museumsinsel in der Spree erhebt sich der Berliner Dom.

Sehenswertes

1. The Wall Museum an der East Side Gallery (U-Bahn-Station Warschauer Straße)

Im The Wall Museum erleben die Besucher direkt an der Berliner Mauer im ehemaligen Todesstreifen die Geschichte der Berliner Teilung multimedial inszeniert und mit einem roten Faden vom Bau der Berliner Mauer bis zu ihrem Fall 1989.
www.thewallmuseum.com

2. Admiralbrücke (U-Bahn-Station Kottbusser Tor)

Die Straßenbrücke wurde 1880–1882 errichtet und überspannt den Landwehrkanal. Die Admiralbrücke hat sich zu einem beliebten abendlichen Treffpunkt entwickelt. Anwohner und Touristen treffen sich an milden Abenden hier und konsumieren mitgebrachte Getränke, gelegentlich spielen Straßenmusiker.

3. Jüdisches Museum (U-Bahn-Station Hallesches Tor)

Das jüdische Museum ist ein lebendiger Ort des Dialogs und der Reflexion jüdischer Geschichte und Gegenwart in Deutschland. Der berühmte Museumsbau von Daniel Libeskind ist längst zu einem Wahrzeichen Berlins geworden.
www.jmberlin.de

4. Kaiser-Wilhelm-Gedächtniskirche (U-Bahn-Station Kurfürstendamm)

Die evangelische Gedächtniskirche wurde im Auftrag von Kaiser Wilhelm II. zum Gedenken an seinen Großvater Kaiser Wilhelm I. in den Jahren 1891–1895 im Stil der Neoromanik erbaut. Ihr Kirchturm war der damals höchste der Stadt, bevor die Kirche während des Zweiten Weltkriegs 1943 schwer beschädigt wurde.
www.gedaechtniskirche-berlin.de

die Aussicht ist gleich null. Dafür begeistern die ganz Berlin-typischen Ansagen mit Türschließsound die Freunde der U-Bahn. Es folgen die Stationen Kurfürstendamm, Wittenbergplatz und Nollendorfplatz.

Hochbahn mit Sightseeing

Noch immer ist es draußen dunkel, wie bei einer richtigen U-Bahn. Beim Nollendorfplatz kommen erstmals eine größere Menge Fahrgäste in den Zug. Doch nun, nach 2,5 Kilometer dunkler Fahrt sind wir plötzlich im Freien, sogar auf einer großen Stahlbrücke. Unter der Brücke verläuft aber kein Fluss, sondern befinden sich Grünflächen der Stadt Berlin. Einst waren dort die Gleisanlagen der Zufahrt zum Potsdamer Bahnhof, der jedoch bereits 1945 außer Betrieb ging. Nun folgt unmittelbar der, in den Ohren von Eisenbahnfreunden wohlklingende, Name »Gleisdreieck«. Dort kreuzen unter der U1 die Gleise, die von der U2 genutzt werden. Vorbei an einem Verwaltungsgebäude der Berliner Verkehrsbetriebe liegt in Fahrtrichtung rechts das Berliner Technikmuseum im ehemaligen Bahnbetriebswerk Berlin-Anhalter-Bahnhof. Das Museum ist immer einen Besuch wert.

Die U-Bahn ist nun zu einer Hochbahn mutiert, ähnlich der Hamburger Hochbahn. Über eine Stahlträgerbrücke wird der Landwehrkanal gekreuzt. Dort unter der Trasse verliefen einst die Zufahrtsgleise zum bekannten Anhalter Bahnhof, der 1961 gesprengt wurde.

▼ Auch die Bahnhöfe sind als Hochstationen ausgeführt.

▶ Spreerundfahrt, im Hintergrund erhebt sich der Funkturm am Alexanderplatz.

Nun verläuft die U-Bahn aufgeständert nördlich des Kanals über die Stationen Möckernbrücke und Hallesches Tor. Die gesamte S-Bahn-Strecke ist eine sogenannte Kleinprofilstrecke. Die ersten U-Bahnen Berlins wurden für Fahrzeuge mit einer Breite von 2,30 Meter ausgelegt, was in etwa einer Straßenbahn entspricht. Dementsprechend klein wurden die Tunnel und Hochbauten errichtet. Erst ab 1923 entstanden in Berlin auch Großprofil-Linien.

Schöne Haltepunkte

Zwischen den Stationen Hallesches Tor und Prinzenstraße verlässt die Bahn das Ufer des Landwehrkanals und folgt, meist mittig, aufgeständert der Gitschiner Straße in Richtig Osten. Die nächste Station Kottbuser Tor liegt mittig oberhalb eines Kreisverkehrs. Insgesamt ähnelt die Streckenführung der Wuppertaler Schwebebahn, nur, dass die Züge nicht »schweben«, sondern auf Schienen stehen. Die Aussichten sind hervorragend und die schönen Stationen laden zum Aussteigen ein. Nun folgt die Station Görlitzer Bahnhof, die eigentlich auf einen Fernbahnhof schließen lässt. Doch auch dieser Bahnhof ist, wie der Anhalter Bahnhof, längst Geschichte. Oberhalb der Skalitzer Straße führen wir unsere Fahrt in Richtung Warschauer Straße fort. Links säumen nun Bäume die Trasse und die U-Bahn wandelt sich zum elektrisch betriebenen Baumwipfelpfad. Zu DDR-Zeiten war die folgende Station, der Bahnhof Schlesisches Tor, Endstation. Die bald nach dem Halt zu überquerende Spree bildete hier die Grenze zwischen Ost und West. Die folgende überregional bekannte Oberbaumbrücke, ein

> *Die Oberbaumbrücke, ein Wahrzeichen Berlins, war ab 1961 gesperrt.*

Wahrzeichen Berlins, war ab 1961 gesperrt und anno 1990 bei der Wiedervereinigung aufgrund von 30 Jahren ohne Wartung und Pflege stark sanierungsbedürftig. Die Überfahrt über die Spree sollte man genießen, zeigt sich doch in Fahrtrichtung links die Silhouette von Berlin mit dem Fernsehturm. Endstation ist der Bahnhof Warschauer Straße. Dort besteht Anschluss mit der Straßenbahn und der S-Bahn in Richtung Ostkreuz und Stadtmitte. Von der Warschauer Straße lohnt sich ein kurzer Fußweg zurück zur Oberbaumbrücke, die auch von außen sehenswert ist.

Kleine Geschichte der Bahn

Gebaut wurde die Bahn von der Firma Siemens & Halske. Der erste Spatenstich erfolgte 1896. Betrieben wurden die Züge von der Hochbahngesellschaft. Der teuerste Bahnhof war die Station Gleisdreieck, die 1912 eröffnet werden konnte. 1945 wurde noch, völlig sinnlos, der Tunnel der S-Bahn unter dem Landwehrkanal gesprengt. Dadurch wurde auch die Hochbahnbrücke beschädigt. Zwischen 1961 und 1995 war der ostdeutsche Abschnitt zwischen dem Schlesischen Tor und der Warschauer Straße außer Betrieb.

Sehenswertes entlang der Strecke

Technikmuseum Berlin Das 1982 gegründete Museum steht in der Tradition zahlreicher technikhistorischer Sammlungen, die bis zum Zweiten Weltkrieg in Berlin behei-

▼ Ein bekannter Punkt ist die Durchfahrt durch das Gebäude der Berliner Verkehrsbetriebe.

▶ Die Bahnanlagen wurden schmuckvoll gestaltet. Von Brutalismus sprach damals noch niemand.

matet waren und deren Bestände es zum Teil übernommen hat. Auf dem Gelände des ehemaligen Anhalter Güterbahnhofs lädt es zu einer erlebnisreichen Entdeckungsreise durch die Kulturgeschichte der Technik ein. Auf ca. 25 000 Quadratmetern finden sich Ausstellungen zu Kommunikations-, Produktions-, Energie- und Verkehrstechniken. Im gläsernen Neubau wird die Geschichte der Schiff- und Luftfahrt lebendig. Auch die Bibliothek und das Historische Archiv befinden sich dort. Kontakt: Tel. 030 – 902 54-0, www.technikmuseum.berlin.de

STRECKENVERLAUF

Warschauer Straße – Schlesisches Tor – Görlitzer Bahnhof – Kottbusser Tor – Prinzenstraße – Hallesches Tor – Möckernbrücke – Gleisdreieck – Kurfürstenstraße 2,2 – Nollendorfplatz – Kurfürstendamm – Uhlandstraße

TIPPS & INFOS

MITFAHREN Die Züge verkehren von 4 Uhr bis 0.30 Uhr im 5-Minuten-Takt. Samstags beginnt die U1 erst um 5.30 Uhr und sonntags erst um 7 Uhr mit dem 5-Minuten-Takt. Dafür fahren am Wochenende die Züge die ganze Nacht hindurch im 10-Minuten-Takt.

TICKETS Mit VBB-Einzeltickets oder der AB-Tageskarte Berlin lässt sich die U-Bahn nutzen. Auch das City-Ticket der Deutschen Bahn ist dort gültig. Dieses bekommt man beim Kauf einer Fernverkehrsfahrkarte mit BahnCard.

ANREISE Der Startbahnhof liegt in der Uhlandstraße, einer Parallelstraße zur Stadtbahn (S-Bahn) zwischen den Stationen Savignyplatz und Berlin-Zoologischer Garten.

AUF EINEN BLICK

Eröffnung 1913, WiederEröffnung 1995
Fahrzeit 21 Minuten
Streckenlänge 7,5 Kilometer
Stromsystem 750 V Gleichstrom mit Stromschiene
Spurweite Normalspur 1435 Millimeter
Zug Kleinprofil-U-Bahn West-Berliner Bauart

20 Mitten durch Berlin

Mit der S-Bahn über die Stadtbahnstrecke von Charlottenburg nach Berlin-Ostbahnhof

Sie gehört zu den dichtbefahrensten Eisenbahnstrecken in Deutschland: die Berliner Stadtbahn. Und es ist die einzige Strecke, die sogar auf Fahrkarten erschien. Zielbahnhof: Berlin-Stadtbahn. Die Strecke verläuft mitten durch die Großstadt meist auf gemauerten Viaduktbögen, den sogenannten Stadtbahnbögen.

In keiner deutschen Stadt hat die Eisenbahn in den letzten 25 Jahren solch einen rasanten Aufschwung erlebt wie in Berlin. Nach dem Mauerfall wurden viele Strecken reaktiviert und Bahnanlagen aus dem Dornröschenschlaf geholt oder weitgehend umgestaltet. Aber es gab auch Schattenseiten in Form von Krisen wie der großen S-Bahn-Pannenserie vor ein paar Jahren. Immer mittendrin war die Stadtbahn Berlin. Aber was ist denn die Stadtbahn Berlin? In vielen Städten werden moderne Straßen- und U-Bahnsysteme als Stadtbahn bezeichnet.

Diese Bahnen fahren im Gegensatz zur S-Bahn oder »großen« Eisenbahn nicht nach der Eisenbahn-, Bau- und Betriebsordnung, sondern haben etwas andere Regeln, weil sie zum Beispiel am Straßenverkehr teilnehmen und daher Blinker wie Kraftfahrzeuge haben müssen.

Viergleisig ausgebaute Stadtbahn

Die Berliner Stadtbahn ist etwas ganz anderes. Der Name bezeichnet die Bahnlinie zwischen Charlottenburg und Berlin-Ostbahnhof, die eine vollwertige Eisenbahn ist. Sie ist komplett viergleisig ausgebaut: Zwei Gleise dienen ausschließlich der S-Bahn, zwei Gleise dem Regional- und Fernverkehr. So verkehrt auch der ICE in Berlin über die Gleise der Stadtbahn, ebenso wie der Flix-Train oder die zahlreichen Regionalzüge. Planmäßigen Güterverkehr gibt es allerdings auf der Stadtbahn nicht (mehr). Die Güterzüge werden auf

◀ Auch der ICE nutzt die Stadtbahngleise auf seiner Fahrt zum Ostbahnhof in Berlin.

▶ Gut ist die Aussicht vom Fernsehturm auf die Stadtbahn mit der Station Jannowitzbrücke.

Sehenswertes

1. Märkisches Museum (S-Bahn-Station Jannowitzbrücke)

Im Märkischen Museum präsentiert das Stadtmuseum Berlin Ausstellungen zur Geschichte, zur Kultur und zum Alltag der Stadt. www.stadtmuseum.de

2. Friedrichstadt-Palast (S-Bahn-Station Berlin Friedrichstraße)

Der Friedrichstadt-Palast ist ein Revuetheater in Berlin-Mitte. Das Theatergebäude wurde 1984 eingeweiht und ist seitdem mit modernster Bühnentechnik ausgestattet. Der Friedrichstadt-Palast gehört zu Europas meistbesuchten Varieté-Bühnen. www.palast.berlin

3. Schloss Bellevue (S-Bahn-Station Bellevue)

Nicht weit entfernt vom Deutschen Bundestag und vom Bundeskanzleramt steht das Schloss Bellevue am Rande des Tiergartens. Es ist seit 1994 der Amtssitz des Bundespräsidenten. www.bundespraesident.de

4. Zoologischer Garten (S-Bahn-Station Berlin Zoologischer Garten)

Der Zoologische Garten Berlin ist der älteste noch bestehende Zoo Deutschlands und neben dem Tierpark Berlin einer der beiden Zoologischen Gärten der Hauptstadt. Auf einer 33 Hektar großen Fläche sind rund 20.000 Tiere zu sehen, darunter befinden sich neben Exoten auch vom Aussterben bedrohte Tierarten. www.zoo-berlin.de

den Ringbahnen rund um Berlin geschleust. Eine Station nach dem Kreuzungsbahnhof Westkreuz, dem Bahnhof Charlottenburg, beginnt die Ringbahnstrecke. Die Strecke verläuft recht kurvenreich als Hochbahn auf Viadukten durch das Stadtgebiet. Zunächst folgt die Station Savignyplatz, die jedoch nicht Französisch ausgesprochen wird. Die nächste Station ist der Bahnhof Zoo, der für viele Bahnreisende während der deutschen Teilung das Tor zum Westen war. Bekannt wurde er durch das Buch bzw. den Film *Christiane F – Wir Kinder vom Bahnhof Zoo*. Weiter geht die Reise in Richtung Hauptbahnhof, der 2006 eröffnet wurde. Er steht an der Stelle des ehemaligen Lehrter Bahnhofs, der noch 1987 für 10 Mio. DM saniert wurde. Vorhanden war jedoch nur noch der S-Bahn-Halt des Lehrter Bahnhofs – der Kopfbahnhof war zu diesem Zeitpunkt längst Geschichte. Er wurde 1951 aufgegeben. Der Name Lehrter Bahnhof bezieht sich auf die Stadt Lehrte bei Hannover, die direkt vom Bahnhof aus angefahren wurde. Der neue Bahnhof sorgte für unzählige Diskussionen und Unmut: Zum einen gefiel der Name »Berlin Hauptbahnhof« nicht, zum anderen verlor mit der Eröffnung der Bahnhof Zoo alle Fernverkehrshalte. Kritik von den Fahrgastverbänden gab es aufgrund der langen Wege vom Tiefbahnhof zur Stadtbahn-Ebene. Direkt am Bahnsteigende verlassen wir übrigens West-Berlin. Der Hum-

Trotz zahlreicher Neubauten erkennt man noch die typischen DDR-Plattenbauten.

▼ Direkt neben dem Fernsehturm liegt der Bahnhof Berlin-Alexanderplatz.

▶ Von einigen Hotels in Berlin sieht man direkt auf die erhöhten Gleise der Stadtbahn.

boldthafen und das andere Ufer gehörten schon zur DDR. Offizieller Grenzbahnhof war jedoch der Bahnhof Friedrichstraße, wo heute der Tränenpalast an die deutsch-deutsche Teilung erinnert. Zum Brandenburger Tor kann man übrigens sowohl vom Hauptbahnhof als auch vom Bahnhof Friedrichstraße laufen. Friedrichstraße ist, wie vor dem Zweiten Weltkrieg, der zentrale Umsteigebahnhof zur Nord-Süd-S-Bahn und U-Bahn. Es folgt der Halt am Hackeschen Markt. Schon von dort sieht man deutlich den Fernsehturm, der direkt neben dem Bahnhof Berlin-Alexanderplatz steht. Am Alexanderplatz halten auch wieder Regionalzüge. Wer einen Blick auf die Stadt in Fahrtrichtung links wirft, erkennt trotz zahlreicher Neubauten und Modernisierungen noch die typischen DDR-Plattenbauten und Einheitshochhäuser. Das Bild hat sich in den letzten Jahrzehnten durch Neubauten deutlich verändert. Auf der Viaduktbahn geht es nun weiter am Rande des Zentrums von Berlin. An der Station Jannowitzbrücke kreuzt uns unterirdisch die Nord-Süd-U-Bahnlinie 8. Der Bahnhof Jannowitzbrücke war der erste Halt in Ost-Berlin, der wieder eröffnet wurde. Gleich hinter dem S-Bahnhof tangieren wir die Spree. Dies ist sicherlich einer der schönsten Abschnitte der Stadtbahn, die im Ostbahnhof von Berlin ihr Ende findet. Der Ostbahnhof trug schon viele Namen: Von 1842 bis 1881 hieß er Frankfurter Bahnhof , dann bis 1950 Schlesischer Bahnhof. Zwischen 1950 und 1987 war es wie heute der Ostbahnhof und nur eine kurze Zeit von 1987 bis 1998 durfte er den Titel »Hauptbahnhof Berlin« führen.

Kleine Geschichte der Bahn

Bereits 1872 beantragte die Deutsche Eisenbahnbaugesellschaft den Bau einer Stadtbahn vom heutigen Ostbahnhof über Charlottenburg nach Potsdam. 1873 entstand daraus unter Beteiligung weiterer Gesellschafter die Berliner Stadtbahngesellschaft. Der Bau der Strecke begann 1875. Drei Jahre später wurde die Gesellschaft zahlungsunfähig. Daraufhin musste das Königreich Preußen den Bau der Strecke übernehmen, wobei sich die bisherigen Gesellschafter und die an-

▲ Schloss Charlottenburg diente von 1701 bis 1888 den preußischen Königen als Sommerresidenz.

► Rund um den Bahnhof Alexanderplatz gibt es viele moderne Gebäude.

schließenden Bahnen weiterhin finanziell beteiligten. 1882 konnte die gesamte Strecke eröffnet werden. Bereits 1905 wurde auf der Strecke, die damals noch mechanisch signalisiert war, eine Zugfolgezeit von zweieinhalb Minuten realisiert. Von 1922 bis 1932 wurden umfangreiche Sanierungsmaßnahmen durchgeführt, um auch mit schweren Schnellzugloks der Baureihe 01 die Strecke befahren zu können. Die Schnellzuglok hat eine Achslast

Mit dem Fall der Mauer begann eine neue Blütezeit der Stadtbahn.

von 20 Tonnen. Die Bahnhöfe wurden ausgebaut. Die letzten Dampfzüge im S-Bahn-Verkehr verschwanden 1929, als die S-Bahnlinien mit seitlichen Stromschienen ausgerüstet wurden. Offiziell eingeführt wurde die Bezeichnung S-Bahn und das Symbol eines weißen »S« auf grünem Grund für die Stadt-, Ring- und Vorortbahnen im Dezember 1930. Obwohl die S-Bahn damit seit über 90 Jahren elektrisch verkehrt, verschwanden die letzten planmäßigen Dampfzüge auf der Stadtbahn erst 1978. Nach den Fahrgastrekorden in den 1930er-Jahren begann auch für die Stadtbahn mit dem Zweiten Weltkrieg eine schwere Zeit. Zwar wurden die Bombentreffer immer schnell repariert, aber das Leben in der Stadt veränderte sich massiv negativ. Mit dem Kriegsende erlebte die Stadtbahn eine einmalige Besonderheit: Für die Anreise des Diktators Josef Stalin zur Potsdamer Konferenz wurde ein Gleis auf der Stadtbahn auf die russische Spurweite von 1524 mm umgebaut. Zur Erinnerung: Die deutsche Normalspurweite beträgt 1435 mm. Mit dem Verlust der deutschen Ostgebiete und der Teilung Deutschlands verlor die Stadtbahn massiv an Bedeutung. 1961 wurden die S-Bahn-Gleise im Bahnhof Friedrichstraße unterbrochen. Durchgehende Züge zwischen Bahnhof Zoo und dem Ostbahnhof gab es nur noch im internationalen Verkehr. Ab 1984 übernahmen die Berliner Verkehrsbetriebe die Reste der S-Bahn in Westberlin von der Deutschen Reichsbahn. Mit dem Fall der Mauer begann eine neue Blütezeit der Stadtbahn. Zwischen 1994 und 1998 wurde die gesamte Strecke umfassend saniert. Der denkmalgeschützte Lehrter Stadtbahnhof zwischen Friedrichstraße und Bellevue musste dem neuen Hauptbahnhof weichen, der 2006 eröffnet werden konnte. 2011 folgte eine große S-Bahn-Krise, weil die Deutsche Bahn AG die S-Bahn auf maximalen Profit trimmen wollte. Zahlreiche Werkstätten wurden geschlossen und Reservefahrzeuge nicht mehr vorgehalten.

Zuverlässige neue Fahrzeuge

Als dann die S-Bahn-Fahrzeuge der Baureihe 482 massive Probleme machten, brach der S-Bahn-Verkehr über mehrere Wochen zusammen. Mittels Ersatzzügen aus dem Ruhrgebiet, Nürnberg und anderen Städten wurde ein S-Bahn-Ersatzverkehr organisiert. Inzwischen ist die S-Bahn wieder deutlich zuverlässiger geworden. Dazu tragen auch die neuen Fahrzeuge aus dem Hause Siemens-Stadler bei, die zwar noch nicht auf der Stadtbahn verkehren, aber auf den Nord-Süd-Strecken Fahrzeugreserven schaffen.

Sehenswertes entlang der Strecke

Tränenpalast am Bahnhof Friedrichstraße Das 1962 errichtete Gebäude am Bahnhof Friedrichstraße in Berlin, im Volksmund Tränenpalast genannt, diente der SED-Diktatur bis 1990 als Abfertigungshalle für die Ausreise aus der DDR nach West-Berlin. Wie kaum ein anderer Ort erinnert der Pavillon an die Teilung Deutschlands und die damit verbundenen Schicksale. Viele mussten hier Abschied von Freunden und Verwandten nehmen, die nicht aus der DDR ausreisen durften. Der Eintritt ist übrigens kostenlos. Info: Tel. 030 –467 77 79-11, www.hdg.de/traenenpalast

Fernsehturm am Bahnhof Alexanderplatz Was wäre Berlin ohne den Fernsehturm? Der Fernsehturm am Alexanderplatz von 1969 ist nicht nur das höchste Bauwerk in Deutschland, sondern auch das Wahrzeichen der Stadt. Jeden Tag fahren zahlreiche Berlin-Besucher und Berliner mit dem rasanten Fahrstuhl in die Turmkugel, um einen wundervollen Ausblick über die ganze Stadt zu genießen. Das Beste ist: Man müsste sich nicht einmal bewegen, um einen Rund-um-Blick zu genießen, denn die Turmkugel rotiert innerhalb einer Stunde einmal um sich selbst. Info: Tel. 030 – 247 57 50, www.tv-turm.de

Funkturm am Messegelände Der Funkturm ist neben dem Fernsehturm ein weiterer bekannter Sendemast in Berlin. Der Turm ist nicht nur ein Pionier der Radiogeschichte, sondern mit seiner Aussichtsplattform auf 125 Metern Höhe und dem Restaurant auch eine beliebte Attraktion in Berlin. Der Berliner Funkturm wurde 1924 bis 1926 als Sendemast gebaut und steht heute unter Denk-

▼ Der neue Hauptbahnhof liegt außerhalb der Berliner Zentren und war deshalb umstritten.

▶ Mitten in der Stadt liegt der ehemalige Grenzbahnhof Berlin-Friedrichstraße.

malschutz. Die Stahlgitterkonstruktion des Berliner Funkturms entstand nach Plänen von Heinrich Straumer und wurde auf einer Grundfläche von nur 20 mal 20 Metern errichtet. Info: Tel. 030 – 30 38 19 05, www.funkturm-messeberlin.de

STRECKENVERLAUF

Berlin Ostbahnhof – Jannowitzbrücke – Berlin Alexanderplatz – Hackescher Markt – Berlin Friedrichstraße – Berlin Hbf/Lehrter Bahnhof – Bellevue – Tiergarten – Berlin Zoologischer Garten – Savignyplatz – Berlin Charlottenburg

TIPPS & INFOS

MITFAHREN Die S-Bahn-Züge auf der Stadtbahn verkehren im Minutentakt zwischen 3 Uhr morgens und 1 Uhr nachts. Zusätzlich verkehren auch noch Regionalzüge auf der Strecke.

TICKETS Alle Nahverkehrszüge sind mit VBB-Fahrausweisen nutzbar. Nicht gültig sind die VBB-Fahrscheine im IC, EC, ICE, NJ und Flix-Train. VBB-Fahrscheine gibt es als Einzelfahrtkarten, Tageskarten und Mehrfachfahrkarten. Evtl. lohnt sich auch ein Touristenticket. Alle Fahrscheine sind an den Automaten erhältlich. Für die Stadtbahn wird nur Tarif A benötigt. Die Tarfzone A beinhaltet alle Strecken/Stationen innerhalb des S-Bahn-Rings.

ANREISE Die Anreise nach Berlin ist inzwischen sehr zügig möglich. Seit ein paar Jahren verkehren schnelle ICE-Züge von München über Nürnberg, Erfurt und Halle nach Berlin. Noch schneller geht es von Hannover oder Hamburg an die Spree. Von Richtung Osten, also von Frankfurt (Oder) gibt es EuroCity-Züge. Von Mecklenburg-Vorpommern und dem Harz (Tagesausflug) verkehren schnelle Regionalzüge. Nicht vergessen sollte man die großartigen Nachtzüge der Österreichischen Bundesbahnen (NightJet) und die preisgünstigen FLIX-Trains aus Köln und Süddeutschland.

AUF EINEN BLICK

Eröffnung 1882
Fahrzeit 22 Minuten mit der S-Bahn
Streckenlänge 11,2 Kilometer
S-Bahn-Linien S 3, S 5, S 7, S 9
Spurweite 1435 Millimeter
Züge ICE, EC, Regionalverkehr, S-Bahnen

21 Berg und Tal

Im 15-Minuten-Takt vom Marienplatz nach Degerloch

Ein wunderbares Ausflugsziel ist eine Fahrt mit der Stuttgarter Zahnradbahn vom Marienplatz nach Degerloch. Nebenbei: Die Fahrt ist im Gegensatz zu vielen Bergbahnen in der Schweiz äußerst preiswert. Alle VVS-Tickets sind gültig.

Eine leibhaftige Zahnradbahn als tägliches Nahverkehrsmittel, so etwas gibt es nur in Stuttgart. Auf der zwei Kilometer langen Strecke zwischen Marienplatz und Degerloch pendeln die gelben Wagen der Stuttgarter Straßenbahnen AG jeden Tag von 6 bis 21 Uhr im Viertelstundentakt. Etwa 2800 Fahrgäste pro Tag nutzen die stellenweise fast 18 % steile Verbindung. Darunter sind zahlreiche Fahrradpendler, die ihr Velo für die steile Rückfahrt dem flachen Vorstellwagen anvertrauen, den die elektrischen Triebwagen vor sich herschieben. Die heutigen Triebwagen stammen von Anfang der 1980er-Jahre, sie sind nicht barrierefrei und haben allmählich das Ende ihrer wirtschaftlichen Nutzungszeit erreicht. Bereits 2021 soll der erste Neubautriebwagen aus der Schweiz angeliefert werden. Die Strecke beginnt auf dem Stuttgarter Marienplatz. Unmittelbar nach der Abfahrt überquert die Zahnradbahn die Filderstraße und führt auf eigenem Bahnkörper bergauf zur Kreuzung der Alten Weinsteige mit der Liststraße. Dort trifft die Strecke auf die alte Trassierung, die bis 1936 befahren wurde.

Auf Höhe der Weinsteige

Sie dient heute nur noch als Zufahrt für das Depot der Bahn. Ab der Liststraße verläuft die Zahnradbahn größtenteils parallel der Straße »Alte Weinsteige«. Die Weinsteige ist die ursprüngliche Hauptstraße vom Stuttgarter Talkessel auf die Filderebene.

◄ Immer einen Besuch wert: die Stuttgarter Markthalle mit frischem Obst und Gemüse

► Festlich erleuchtet: das Opernhaus am Eckensee im Oberen Schlossgarten

Sehenswertes

1. Marienplatz (Station Marienplatz)

Der Marienplatz ist ein urbaner Szenetreff im Süden Stuttgarts und bietet eine große Auswahl an Restaurants, Bars und Cafés.

2. Aussichtspunkte Leonorenstraße und Am Oberen Berg (Station Haigst)

Die Aussichtspunkte Leonorenstraße und Am Oberen Berg liegen oberhalb des idyllischen Schimmelhüttenwegs. Die beiden Plätze verschaffen einen herrlichen Blick über den Stuttgarter Süden und den Weinberg Scharrenberg.

3. Schimmelhüttenweg (Station Degerloch)

Eine Möglichkeit von Degerloch aus hinunter zum Marienplatz in der Stadt zu gelangen ist ein Spaziergang durch die Weinberge. Vom Schimmelhüttenplatz startet der idyllische Schimmelhüttenweg durch den Weinberg Degerlocher Scharrenberg. www.stuttgart-tourist.de

4. Degerlocher Scharrenberg (Station Degerloch)

Der Weinberg Degerlocher Scharrenberg ist eine der kleinsten eingetragenen Einzelreblagen in Württemberg. Die dort vorherrschend angebaute Rebsorte ist der in Württemberg allgegenwärtige Trollinger, eine rote Rebsorte und Inbegriff des schwäbischen Vierteles-Weins.

Ab dem Marienplatz werden über 200 Höhenmeter überwunden. Die maximale Steigung beträgt 17,8 %. Der steilste Abschnitt liegt zwischen den Haltestellen Liststraße und Pfaffenweg. Zwischen der Haltestelle Pfaffenweg, der Haltestelle Wielandshöhe, wo sich das gleichnamige Restaurant von Sternekoch Vincent Klink befindet, und dem Haigst bietet die Bahn einen genialen Panoramablick auf die Stuttgarter Innenstadt. Da die Strecke durchgehend eingleisig ist, dient die Haltestelle Wielandshöhe als Ausweichstelle. Dort befindet sich der Bahnsteig in der Mitte zwischen den beiden Gleisen. Im weiteren Verlauf wird die Neue Weinsteige seit 1965 auf einer modernen Stahlbetonbrücke überquert. Die zuvor errichtete Stahlgitterbrücke wurde im Volksmund als »Türkenbrücke« bezeichnet, da sie vom Hersteller ursprünglich zur Auslieferung in die Türkei vorgesehen war. An der Station Nägelestraße wird mit 473 Metern der höchste Punkt erreicht. Bis zum Endpunkt Degerloch fällt die Bahn nun wieder etwas ab, allerdings nur um drei Meter. Dort kann man übrigens auch auf die »normalen« Stadtbahnzüge umsteigen.

Kleine Geschichte der Bahn

1884 fuhr der erste dampfbetriebene Zahnradbahnzug vom Marienplatz im Stadtteil Heslach zur 205 Meter höher gelegenen, bis 1908 noch eigenständigen, Gemeinde Degerloch. Emil Kessler Junior, Chef der Ma-

▼ Die Stuttgarter Zahnradbahn, auch »Zacke« genannt, auf ihrem Weg zum Marienplatz

◄ Der »Erbschleicher-Express« ist die Standseilbahn zum Waldfriedhof.

► Dreh- und Angelpunkt der City: der Königsbau am Schlossplatz

schinenfabrik Esslingen, hatte diese erste Stuttgarter Bergbahn auf eigene Rechnung erbaut und hierbei viele technische und behördliche Hürden genommen, denn es handelte sich um die erste Zahnradbahn Württembergs für den öffentlichen Personenverkehr. Vor allem nach der 1888 erfolgten Verlängerung nach Möhringen und Hohenheim als Dampfstraßenbahn durch die nunmehr gegründete Filderbahngesellschaft diente die Zahnradbahn im städtischen Nahverkehr als Bindeglied zwischen den auf den Fildern gelegenen Gemeinden und der Landeshauptstadt. 1904 wurde der elektrische Betrieb aufgenommen.

Trotz des Baus einer Vorortstraßenbahn aus der Innenstadt über die Neue Weinsteige nach Degerloch und weiter durch das damalige Konkurrenzunternehmen Stuttgarter Straßenbahnen AG im selben Jahr behielt die Zahnradbahn ihre Bedeutung. In Stuttgarts Talkessel war die Luft schon damals durch Hausbrand und Industrie sehr schlecht und so entwickelte sich Degerloch mit dem Gebiet um die Waldau für die Stuttgarter rasch zur grünen Lunge, welche man mit dieser Bahn sicher und zügig erreichen konnte. Ab 1905 ging die Betriebsführung an das Nachfolgeunternehmen Württembergische Nebenbahnen (WN) über. Nach Ausbruch des Ersten Weltkrieges musste der elektrische Betrieb

(600 Volt Gleichstrom) aus Mangel an Strom und Ersatzteilen für die elektrischen Triebwagen teilweise ganz eingestellt und der Dampfbetrieb eingeschränkt wieder aufgenommen werden. Die Württembergischen Nebenbahnen schrieben auch nach dem Krieg immer größere Verluste, sodass die Stadt Stuttgart 1920 fast das ganze Netz der Filderbahn kaufen musste. Die Zahnradbahn wird seither von den SSB betrieben. Nachdem ab 1929 die Straßenbahnen auf der Neuen Weinsteige durchgehend verkehrten, schwand die Bedeutung des Zahnradbahnhofs Degerloch.

Seit 1994 endet die Strecke bei Kilometer 2,2 an der neuen Endhaltestelle Degerloch am Albplatz unweit der Ortsmitte. Nebenbei: Die Achenseebahn in Tirol wurde in Lizenz nach den Plänen der Maschinenfabrik Esslingen gebaut und ist in ihrer Bauweise praktisch gleich, nur noch im Ursprungszustand. Die Stuttgarter Zahnradbahn gilt heute als eines der Wahrzeichen der Landeshauptstadt und wird von den Einheimischen liebevoll als »Zacke« oder »Zacketse« bezeichnet.

Sehenswertes entlang der Strecke

Blaustrümpflerweg Rundwanderweg mit Seilbahn und Zahnradbahn! Vom Marienplatz führt der Weg steil bergauf zur Karlshöhe. Von hier bietet sich ein herrlicher Blick auf die Innenstadt. Auch ein Biergarten ist vorhanden. Auf dem weiteren Weg findet man immer wieder interessante Aussichtspunkte mit Blick auf den Stuttgarter Süden und Westen. Nach dem Abstieg zum

▼ Die Zahnradbahnwaggons stammen aus den frühen 1980er-Jahren und werden bald ersetzt.

▶ Im Straßenbahnmuseum gibt es zahlreiche Kulturveranstaltungen.

Südheimer Platz lohnt die Fahrt mit dem Erbschleicher-Express, der historischen Seilbahn zum Waldfriedhof. Am Dornhaldenfriedhof vorbei geht es weiter zur Haltestelle Haigst der Zahnradbahn. Von dort hat man die Wahl, wieder talwärts zum Marienplatz oder bergwärts nach Degerloch zu fahren. Bei Fragen und Anregungen zum Blaustrümpflerweg ist die Ortsgruppe Heslach des Schwäbischen Albvereins Ansprechpartner. Tel. 0711 – 24 55 89 oder 0711 – 687 50 73.

STRECKENVERLAUF

Marienplatz – Liststraße – Pfaffenweg – Wielandshöhe – Haigst – Nägelestraße – Zahnradbahnhof – Degerloch

TIPPS & INFOS

MITFAHREN Es besteht von Betriebsbeginn um 5.15 bis 20.45 Uhr am Abend ein fester 15-Minuten-Takt. An Sonn- und Feiertagen verkehrt die erste Bahn erst um 6.30 Uhr ab Marienplatz. Oft ist allerdings der Vorstellwagen für die Beförderung der Fahrräder defekt und nicht dabei.

TICKETS In der Zahnradbahn sind alle Nahverkehrsfahrscheine gültig. Neben den Verbundfahrscheinen des Verkehrsverbunds Stuttgart (VVS) ist das auch das beliebte Baden-Württemberg-Ticket.

ANREISE Zielbahnhof für den Regional- und Fernverkehr ist Stuttgart Hauptbahnhof. Von dort fahren die Stuttgarter Stadtbahnen ab der Station Arnulf-Klett-Platz direkt vor dem Hauptbahnhof nach Degerloch (U 5 Richtung Leinfelden, U 6 Richtung Fasanenhof und U 12 Richtung Dürrlewang) oder mit Umstieg am Charlottenplatz (dort U 9 und U 1 Richtung Vaihingen) zum Marienplatz.

AUF EINEN BLICK

Eröffnung 1884
Fahrzeit 10 Minuten
Streckenlänge 2,2 Kilometer
Steigung 17,8 %
Spurweite 1000 Millimeter, System Riggenbach
Zug Elektrotriebwagen ZT 4 von 1982

Weinreben an den Neckarufern von Mundelsheim im Kraichgau.

Abseits der Verkehrsstraßen

22 Im wildromantischen Tal des Schwarzen Regen

Unterwegs mit der Wanderbahn

Mit einem herrlich restaurierten Dieseltriebwagen aus den 1950er-Jahren durch ein wildromantisches Flusstal fahren? Hier bei der Wanderbahn im Regental zwischen Gotteszell und Viechtach ist das zweimal pro Monat möglich.

Eine der schönsten Bahnlinien in Deutschland liegt im Bayerischen Wald. Genauer: zwischen Gotteszell und Viechtach. Die Bahnlinie ist zwar nicht mehr komplett vorhanden, aber der vordere Streckenabschnitt ist bis heute in Betrieb. Seit ein paar Jahren verkehren auch wieder reguläre Personenzüge auf dieser Eisenbahnlinie, doch wir wollen uns auf die Fahrten mit dem historischen Dieseltriebwagen konzentrieren. Warum? Natürlich ist die Fahrt auch im modernen Zug, einem Niederflurtriebwagen vom Typ Regio-Shuttle sehr angenehm. Aber der alte Esslinger-Triebwagen der Wanderbahn im Regental punktet nicht nur durch sein historisches Ambiente, sondern durch seine geniale Klimaanlage: Fenster auf und los!

Nur Natur: die Waldbahn

Für alle, deren Geruchssinn nicht durch Post-Corona beeinträchtigt ist, lohnt sich eine Fahrt von Gotteszell nach Viechtach auch wegen des herrlichen Waldgeruchs. Es gibt kaum eine Bahnstrecke, die Ähnliches bieten kann. Fernab von Straßen, Wegen und Siedlungen verläuft die Bahnlinie mehrheitlich im Tal des Schwarzen Regens. Die Fahrt beginnt im Bahnhof Gotteszell, das mit Zügen der Waldbahn erreichbar ist. Die unter dem Markennamen Waldbahn betriebenen

◀ Auch eine Tunneldurchfahrt gehört zum Erlebnis der Wanderbahn im Regental.

▶ Der Pfahl ist ein Quarzgang im nordöstlichen Bayerischen Wald.

Sehenswertes

1. Wanderung zum Teufelstisch

Vom Bahnhof Triefenried führt die Wanderung über Burggrafenried zum sagenumwobenen Teufelstisch. Der Teufelstisch ist eine sonderbare Felsformation und bietet einen wunderbaren Blick auf die Burgruine Weißenstein und die Kreisstadt Regen.

2. Burg Neunußberg bei Viechtach

Die Burg Neunußberg wurde Mitte des 14. Jahrhunderts erbaut. Heute ist die Burgruine im Besitz des Bayerischen Wald-Vereins. Alljährlich im Juli und August finden die beliebten Freilichtspiele der Burgfestspiele Neunußberg statt.
www.bayerischer-wald.de

3. Naturlehrpfad, Patersdorf

Der knapp 4 km lange Wanderweg um den Spitzberg bietet einen herrlichen Panoramablick über nahezu den gesamten Bayerischen Wald. Hinzu kommen Einblicke in die Vielfalt und Schönheit der Natur für Klein und Groß.
www.patersdorf.de

4. Schnapsmuseum, Böbrach

In Böbrach steht das Penninger Schnapsmuseum Gläserne Destille. In einer großen Halle wird in einem Dorf aus urwüchsigen Häusern eine Ausstellung rund um das Thema Kräuter und Wurzeln gezeigt.

Züge verbinden Plattling mit Bayerisch Eisenstein über Zwiesel und sind die wichtigste Bahnanbindung für den ganzen Bayerischen Wald. Die Züge verkehren im Stundentakt und werden durch die Länderbahn GmbH betrieben. Die Länderbahn ging aus der ursprünglichen Regentalbahn hervor. Diese Gesellschaft betreibt auch die Strecke der Wanderbahn zwischen Gotteszell und Viechtach und im Endbahnhof eine große Reparaturwerkstatt für Schienenfahrzeuge.

▲ Einzigartig ist die Fahrt mit der Wanderbahn im Regental.

▶ Auf dem Schwarzen Regen lässt sich prima Kanu fahren.

Nostalgische Bahnfahrt

Ursprünglich verlief die Bahnlinie weiter bis Blaibach und stieß dort wieder auf die Gleise der Staatsbahn, die von dort weiter nach Cham und Schwandorf führt. Doch dieser Streckenabschnitt ab Viechtach wurde 1991 wegen der sanierungsbedürftigen Brücke über den Regen stillgelegt und später abgebaut. Heute verläuft auf der Trasse ein Rad- und Wanderweg. Durch den Wegfall der durchgehenden Verbindung wurde auch der reguläre Personenverkehr zwischen Gotteszell und Viechtach eingestellt. Bis auf Zuführungsfahrten zur Reparaturwerkstatt, den Regental-Fahrzeugwerkstätten, gab es viele Jahre neben den Wanderbahn-Zügen keinen Bahnverkehr im Tal des Schwarzen Regens. Doch kommen wir wieder zurück auf unsere Fahrt im Nostalgietriebwagen. Bis nach Teisnach fällt die Bahnlinie über Ruhmannsfelden und Patersdorf ab. Die Fahrt wird von Wiesen und Wäldern begleitet.

Noch vor Patersdorf verlaufen die Gleise an einem großen Granitsteinbruch vorbei – einem ehemaligen Kunden der Bahn. Erst ab Teisnach erfolgt der Einstieg ins Tal des Schwarzen Regens, der die Bahnlinie nun bis Viechtach begleitet. Die Ausblicke aus dem Zug sind einmalig. Das Flusstal teilt der Schwarze Regen exklusiv nur mit der Eisenbahn. Nur Kanufahrer auf dem Fluss erinnern gelegentlich an die Zivilisation. Rund 14 Kilometer lang ist die Fahrt im Flusstal über die Haltestellen Böbracher Tunnel, Nußberg-Schönau, Gstadt und Schnitzmühle, bevor die Endstation Viechtach erreicht wird. Die Stadt selbst liegt oberhalb des Bahnhofs und ist in wenigen Minuten zu Fuß erreichbar. Auf der Rückfahrt bietet als besondere Attraktion die Hausbrennerei Penninger in allen Zügen eine Kostprobe einheimischer Bärwurz- und Schnapsspezialitäten an.

Kleine Geschichte der Bahn

Die Lokalbahn Gotteszell – Viechtach wurde im Jahre 1890 als private Lokalbahn eröffnet. 1928 wurde die Verlängerung der Strecke Richtung Norden von Viechtach über Fichtental nach Blaibach eröffnet. Die knapp 40 Kilometer lange Strecke wird als ursprüngliche Regentalbahn bezeichnet, was auch der Bahngesellschaft den Namen gab. Durch die Lage abseits größerer Orte konnte die Bahn nie eine richtige Bedeutung im Personenverkehr erreichen. 1991 musste die Regentalbahn AG den Verkehr auf dem Abschnitt Blaibach – Viechtach wegen festgestellter Schäden an der Regenbrücke bei Blaibach einstellen. Nur kurz darauf wurde auch der verbliebene Personenverkehr zwischen Viechtach und Gotteszell eingestellt. Die Landkreise Cham und Regen erwarben die Strecke und errichteten darauf bis 1997 den Regentalradweg. Die noch vorhandene Strecke von Viechtach nach Gotteszell wurde 25 Jahre lang außer den Wanderbahnfahrten nur für Überführungsfahrten zur Werkstätte in Viechtach genutzt. Mit viel lokalpolitischer Unterstützung wurde 2016 der regelmäßige Verkehr auf der

Nur Kanufahrer auf dem Fluss erinnern gelegentlich an die Zivilisation.

Strecke wieder aufgenommen. Nahezu im vollen Stundentakt rollen seitdem die modernen Triebwagen der Waldbahn durch das Regental. Die Wanderbahn im Regental entstand 1991 als Arbeitskreis der Interessengemeinschaft Schienenverkehr Niederbayern e.V. 1991 wurde der Betrieb auf dem für den Personenverkehr stillgelegten Reststück von Fichtental über Viechtach nach Gotteszell aufgenommen. Ab 1992 konnte nur noch die

25 Kilometer lange Strecke von Viechtach nach Gotteszell befahren werden, dann allerdings nach einem regelmäßigen Fahrplan. Heute sorgt der Verein mit knapp 30 Mitgliedern für einen reibungslosen und sicheren Ablauf der Fahrten und befördert so pro Jahr Tausende von Fahrgästen. Die Arbeit wird ausschließlich ehrenamtlich erbracht und wäre ohne das persönliche Engagement der Mitglieder nicht möglich. Über viele Jahre bestand die Wanderbahngarnitur aus zwei vereinseigenen Umbauwagen (Byg und BDyg), die von einer Diesellok der Regentalbahn gezogen wurden. Nach Umbeheimatung der Lokomotiven seitens der Regentalbahn und Wegfall der Rangiermöglichkeiten in Gotteszell konnten diese Fahrzeuge nicht mehr verwendet werden. Seitdem verkehrt die Wanderbahn mit der historischen Esslinger Dieseltriebwagengarnitur der Regentalbahn, bestehend aus VT 07 (Baujahr 1952) und dem antriebslosen Steuerwagen VS28 (Baujahr 1956). Bei ihrer Hauptuntersuchung wurden die Fahrzeuge wieder in ihrer alten beige-blauen Farbgebung lackiert. Zum Kanutransport wird zwischen Trieb- und Steuerwagen der mit einer Steuerleitung ausgestattete Güterwagen gehängt.

Sehenswertes entlang der Strecke

Viechtacher Kristallmuseum Das Kristallmuseum ist fester Bestandteil Viechtachs. Gerade wegen des großen Quarzrückens, des Pfahls, ist Viechtach der richtige Präsentationsort für diese Sammlung. Seit 1994 befindet sich die Sammlung unter privater Leitung

▼ Der Pfahl, eine Quarzformation bei Viechtach, ist sehr markant.

▶ Die Wanderbahn im Regental setzt einen Esslinger-Triebwagen aus den 1950er-Jahren ein.

und begeistert nicht nur Mineralien- und Naturfreunde. Ob der Schönheit der Kristalle oder der geheimnisvollen Kraft der Steine sind der Leiter des Museums, Rainer Klingl und seine Frau Sabine, ständig bemüht, das Museum zu erweitern und viele Besucher zu verzaubern. www.kristallmuseum.bayerwald-media.de

Kanutouren Geniale Kanutouren sind auf dem Schwarzen Regen durchführbar. www.bayerisch-kanada.de

STRECKENVERLAUF

Gotteszell – Ruhmannsfelden – Patersdorf – Teisnach – Böbrach – Gumpenried-Asbach – Nußberg-Schönau – Gstadt – Schnitzmühle – Viechtach

TIPPS & INFOS

MITFAHREN An zwei Sonntagen im Monat verkehrt der Zug der Wanderbahn im Regental.
TICKETS Fahrkarten sind direkt im Zug erhältlich. Gruppen ab 10 Personen erhalten Ermäßigung. Im Zug ist die Fahrradmitnahme kostenlos, jedoch ist das Platzangebot begrenzt. Eine Anmeldung von Fahrrädern ist ratsam bei Herrn Baier (Mobil: 0170 – 242 50 13). Besitzer der Bayerwaldcard erhalten eine Ermäßigung. Inhaber des GUTI zahlen einen Zuschlag von 4 Euro.
ANREISE Mit dem Zug von München, Nürnberg und Regensburg nach Plattling. Von dort mit der Waldbahn bis Gotteszell.

AUF EINEN BLICK

Eröffnung 1890
Fahrzeit 44 Minuten
Streckenlänge 25 Kilometer
Tunnellänge 64 Meter
Spurweite 1435 Millimeter
Zug Esslinger Dieseltriebwagen Baujahr 1952

23 Abseits der großen Magistralen

Mit dem roten Schienenbus unterwegs

Ab dem Bahnhof Neckarbischofsheim Nord verkehrt ein nostalgischer Schienenbus mit dem Namen Roter Flitzer auf den Gleisen der Krebsbachtalbahn durch die verträumte Kraichgau-Landschaft. Die Fahrt lässt sich mit geöffneten Fenstern genießen.

»Früher war doch nicht alles so schlecht«, stellt Helga Schröder fest, als sie im Schienenbus Roter Flitzer Platz genommen hat. »Die Sitze sind viel bequemer als in der S-Bahn und zudem auch noch klappbar, sodass man immer in Fahrtrichtung sitzen kann«, was auch ihr Mann Reinhard bestätigt. Er ist früher als Schüler mit den roten Schienenbussen, die zwischen Schönau bei Heidelberg und Neckarsteinach pendelten, in die Schule gefahren. »Aber die damaligen Bundesbahn-Schienenbusse hatten keine Fenster zum Öffnen und, soviel ich weiß, auch keine Puffer«, wie der pensionierte Oberstudienrat sofort ergänzt. »Gut beobachtet«, lobt der Schaffner der Krebsbachtalbahn und erklärt: »Zwischen Neckarsteinach und Schönau fuhr bis 1969 ein VT 95, also ein einmotoriger Schienenbus der ersten Serie. Diese Fahrzeuge hatten keine Puffer, sondern nur einen Anprallschutz. Aber auch die späteren Schienenbusse hatten keine Übersetzfenster.«

Schienenbus stammt aus Österreich

Die Schienenbusgarnitur, die seit 2016 zwischen Neckarbischofsheim Nord und Hüffenhardt unterwegs ist, kommt von den Österreichischen Bundesbahnen und weist ein paar kleine Unterschiede zum deutschen Pendant auf. Unter anderem sind die Scheinwerfer

◀ Die Schienenbusfahrten werden als »Der Krebsbachtäler« vermarktet.

▶ Herbstliche Weinhänge vor Schloss Horneck in Gundelsheim

Sehenswertes

1. Dorfmuseum, Bargen

Historische Informationen und Replikate der Grabfunde aus der fränkischen Zeit ermöglichen einen Blick in die Geschichte des Kraichgaudorfes. Im Bargener Dorfmuseum finden sich Gegenstände aus Hof und Küche, aus der Küferwerkstatt sowie aus der Landwirtschaft.
www.buergerverein-bargen.jimdofree.com

2. Schloss Babstadt

Das Schloss in Babstadt wurde um 1900 anstelle eines Vorgängerbauwerks erbaut und zählt damit zu den jüngsten Schlössern der Region. Seit den 1990er-Jahren dient das Gebäude den Erben des Erbauers als Wohnsitz.

3. Heimatmuseum im Fünfeckigen Turm, Neckarbischofsheim

Beim Fünfeckigen Turm handelt es sich um den Rest der Verteidigungsanlage, die sich um Neckarbischofsheim zog. Mit einer Bauhöhe von 24 Metern kann er heute als Wahrzeichen der Stadt gelten. Heute ist im Fünfeckigen Turm der Odenwaldklub untergebracht, der in den Räumlichkeiten ein Heimatmuseum eingerichtet hat.

4. Schloss Obergimpern

Schloss Obergimpern ist ein aus dem Verwaltergebäude einer älteren Burg hervorgegangener Herrensitz in Obergimpern. Seine heutige Gestalt erhielt das Schloss durch mehrere Baumaßnahmen der Grafen von Yrsch, deren Nachfahren das Anwesen bis heute besitzen.

deutlich größer und es sind große Übersetzfenster zum Öffnen vorhanden. Das Fahrzeug gehört der Kornwestheimer DNV-Touristik und wird vom Förderverein Schienenbus e.V. ehrenamtlich betreut.

Noch bis Juli 2009 wurde die 17 Kilometer lange Krebsbachtalbahn Neckarbischofsheim Nord – Hüffenhardt im regulären Personen- und Güterverkehr von der Südwestdeutschen Verkehrs-AG (SWEG) betrieben. Nach der Einstellung der Krebsbachtalbahn hat sich 2011 ein Verein zur Erhaltung der Strecke gegründet. Das erste Ziel des Vereins ist die betriebsbereite Erhaltung der Nebenbahnstrecke im Krebsbachtal von Neckarbischofsheim Nord bis Hüffenhardt in ihrer Gesamtheit und damit die Förderung der Kultur, Tradition und des Schienenverkehrs als Teil der Heimat- und Technikgeschichte auf der Krebsbachtalbahn.

Durch die Kraichgau-Landschaft

Wer mit der Krebsbachtalbahn fährt, erlebt zwischen Neckarbischofsheim Nord und Neckarbischofsheim den landschaftlich reizvollsten Teil der Strecke, denn die Bahn verläuft hier durch Felseinschnitte am Nordhang des Tales. Gleich nach der Haltestation Helmhof entdeckt man auf der linken Seite die ehemaligen Verladeanlagen für Kalk. Bis Obergimpern folgen die Gleise dem namensgebenden Gewässer, dem Krebsbach. Die

▼ Auch auf dieser Strecke liegt Schloss Guttenberg nicht weit und ist einen Besuch wert.

▶ Die Bahnübergänge der Krebsbachtalbahn sind meist technisch gesichert.

Trasse schwenkt nun nach Norden ab. Kurz vor dem ehemaligen Bedarfshaltepunkt Siegelsbach-Wald gab es früher ein Anschlussgleis zur Heeresmunitionsanstalt, weshalb im Bahnhof Siegelsbach bis heute umfangreiche Gleisanlagen vorhanden sind. Die Munitionsanstalt erhielt 1939 einen eigenen Gleisanschluss und in ihr wurden insgesamt rund 18 Kilometer Gleise verlegt. Bis 1992 hatten die Amerikaner dort sogar Atomraketen stationiert.

Hinter Siegelsbach führt die Strecke über freies Feld und steuert die landwirtschaftlich stark geprägte Endstation Hüffenhardt an. An der Bahnhofseinfahrt befindet sich ein alter Lokschuppen, der inzwischen grundlegend saniert wurde. Im regulären Ausflugsverkehr kommt der rote Schienenbus zum Einsatz. Höhepunkte sind aber ganz klar die Tage, an denen ein Gast-Zug mit einer Dampflok auf der Krebsbachtalbahn pendelt. Dies ist meistens im Oktober der Fall, wenn der Schienenbus bereits für den Winter eingemottet ist.

Kleine Geschichte der Bahn

Die Geschichte der Eisenbahn in der Region ist interessant, weil nur noch ein Teil des einstigen Streckennetzes vorhanden ist. Bereits 1862 wurde die Badische Odenwaldbahn zwischen Heidelberg und Mosbach eröffnet. Die einstige Magistrale führte über Neckargemünd, Meckesheim, Neckarbischofheim Nord, Aglasterhausen und Obrigheim. Die Linie wurde nicht direkt durch das Neckartal gebaut, um das fremde Hessen bei Hirschhorn im Neckartal zu umfahren. Leider lag der Bahnhof Neckarbischofsheim Nord drei Kilometer von der Stadt entfernt. Auch für die dortigen Kalkbrüche war der Verlauf der Hauptbahn äußerst ungeschickt. Ein Bahnkomitee gründete sich, um eine Nebenbahn zwischen Neckarbischofsheim-Nord und Hüffenhardt zu errichten. Man erreichte einen Baukostenzuschuss von der Badischen Staatsregierung und beauftragte, nachdem seit 1900 auch nichtstaatliche Bahnen zugelassen waren, die Firma Lenz & Co. aus Berlin mit dem Bau und Betrieb der Strecke. 1902 nahm sie ihren Betrieb auf. Mit dem Abschluss eines Staatsvertrags zwischen Baden und Hessen konnte später eine direkte Eisen-

Burg Guttenberg ist eine spätmittelalterliche Höhenburg über Neckarmühlbach.

bahn zwischen Heidelberg und Mosbach verwirklicht werden. Die Umgehungsstrecke über Aglasterhausen verlor daher massiv an Bedeutung, sodass die Neckarbrücke nach der Sprengung beim Rückzug der Wehrmacht nach dem Krieg nicht wieder aufgebaut wurde. Um 1980 wollte die Deutsche Bundesbahn auch das Reststück Meckesheim – Aglasterhausen stilllegen. Doch dank erheblicher Investitionen im Oberbaubereich, bei den Signalanlagen und durch Beschaffung von Neufahrzeugen übernahm die SWEG 1982 den Betrieb auf dieser Strecke. Durch den Bau der S-Bahn von Heidelberg über Meckesheim nach Aglasterhausen verlor sie diese Leistungen allerdings wieder und zog sich infolgedessen von der eigenen Bahnlinie durchs Krebsbachtal zurück. Inzwischen wird die Bahnlinie durch die private Erms-Neckar-Bahn AG betrieben. Diese Bahngesellschaft wurde ursprünglich zur Rettung der Bahnlinie Metzingen – Bad Urach am Rande der Schwäbischen Alb von Bürgern gegründet, die über 20 Jahre stillgelegt war.

▼ Das Alte Schloss ist das älteste Gebäude von Neckarbischofsheim und geht auf eine mittelalterliche Burg zurück.

▶ Freie Sicht auf die Strecke hat auch der Fahrgast im Schienenbus »Roter Flitzer«.

Sehenswertes entlang der Strecke

Burg Guttenberg Vom Haltepunkt Siegelsbach aus erreicht man zu Fuß die Burg Guttenberg. Sie ist eine spätmittelalterliche Höhenburg über Neckarmühlbach, einem Ortsteil von Haßmersheim. Die Burg wurde nie zerstört und ist seit fast 800 Jahren kontinuierlich bewohnt. Seit der Mitte des 15. Jahrhunderts (!) gehört die Burganlage den Freiherren von Gemmingen. Die Anlage beherbergt die Deutsche Greifenwarte sowie ein sehenswertes Burgmuseum und ein Restaurant.

Feldbahnbetrieb Ebenfalls fußläufig erreichbar ist die Feldbahnanlage am Ortsrand von Neckarbischofsheim, die vom Feldbahn Neckarbischofsheim e.V. betrieben wird. Auf den 600 Mm breiten Gleisen sind über 60 Fahrzeuge im Einsatz. Immer am letzten Wochenende im Monat findet ein regulärer Betriebstag statt. Tel. 07263 – 290

STRECKENVERLAUF

Neckarbischofsheim Nord – Neckarbischofsheim Stadt – Untergimpern – Obergimpern – Siegelsbach – Hüffenhardt

TIPPS & INFOS

MITFAHREN Die Krebsbachtalbahn verkehrt vom 1. Mai bis 16. Oktober an allen Sonn- und Feiertagen, an Fronleichnam und jeweils am zweiten und vierten Mittwoch im Monat (außer im August). Sechs Mal pendelt der Schienenbus über die Strecke.

TICKETS In den Zügen sind alle Nahverkehrsfahrscheine gültig. Neben den Verbundfahrscheinen des Verkehrsverbunds Rhein-Neckar (VRN) ist das auch das beliebte Baden-Württemberg-Ticket. Auch im Zug kann man noch eine Fahrkarte erwerben.

ANREISE Von Heidelberg aus sind es mit der S-Bahn Linie S5/S51 nur 45 Minuten bis Neckarbischofsheim-Nord, dem Startbahnhof der Krebsbachtalbahn.

AUF EINEN BLICK

Eröffnung 1902
Fahrzeit 29 Minuten
Streckenlänge 16,9 Kilometer
Höchstgeschwindigkeit 60 km/h
Spurweite 1435 Millimeter
Zug Historischer Schienenbus (ex. ÖBB)
Internet www.krebsbachtal-bahn.de

24 Erlebnistour mit der Ostertalbahn

Unterwegs mit einer Kleindiesellokomotive

Mit der Ostertalbahn geht es in eine traumhaft natürliche Region. Die romantische Bahn zwischen Ottweiler und Schwarzerden verläuft durch die Talaue der Oster in einer leicht hügeligen Landschaft mit vielen Streuobstwiesen.

Der Museumszug der Ostertalbahn verkehrt auf der 21 Kilometer langen Nebenbahnstrecke zwischen Ottweiler (Saar) und Schwarzerden. In aufgearbeiteten Waggons können die Fahrgäste das Nebenbahnflair der 1950er-Jahre erleben. Der Zug kann auch für private Charterfahrten gemietet werden. Von verschiedenen Haltepunkten der Strecke kann man interessante Ausflüge in die Region unternehmen, kurz gesagt, eine liebliche, wunderschöne Landschaft mit vielen Wandermöglichkeiten. Die ursprünglich erhaltenen Orts- und Bausubstanzen, viele landwirtschaftliche Betriebe sowie Streuobstwiesen mit großen Kirschbaumbeständen laden zum Verweilen ein. Wanderer finden hier Wege mit unterschiedlichem Schwierigkeitsgrad. Von verschiedenen Haltepunkten der Ostertalbahn aus können Sie sich das Tal und die Höhen rund um die Ostertalorte erschließen.

Wander- und Radwege

Anspruchsvolle Wandersleute finden hier auch zwei Premium-Wanderwege, den Tiefenbach-Pfad und die Weiselberg-Gipfeltour. Auch für Radwanderer hält das Ostertal mit dem Saarland-Radweg ein passables Angebot bereit. Der Radweg verläuft durch den Naturpark Saar-Hunsrück von Dörrenbach bis Oberkirchen parallel zu Ostertal und Bahn-

◀ Im Jahr 2000 entstand um den Ottweiler Pavillon, einem von zwei Barockbauten im Ort, ein wunderschöner Rosengarten.

▶ Der alte Wehrturm in Ottweiler enthält einen der ältesten erhaltenen Dachstühle Süddeutschlands.

Sehenswertes

1. Saarländisches Schulmuseum, Ottweiler

Im Saarländischen Schulmuseum kann in zwei Klassenräumen die Atmosphäre vergangener Schulzeit nachempfunden werden. Im Erdgeschoß ist ein Schulsaal mit der originalen Ausstattung aus der Zeit von 1910-1950, im Dachgeschoß eine Lehrstube des 19. Jahrhunderts eingerichtet. cms.schulmuseum-ottweiler.net

2. Freilichttheater, Dörrenbach

Das Dörrenbacher Freilichttheater bietet Sitzplätze für 400 Zuschauer. Seine Lage mitten im schönen Pfälzer Kastanienwald sorgt für ein herrliches Ambiente. www.doerrenbach.de

3. Burg Rusteberg, Marth

Bei der Burg Rusteberg handelt es sich um eine verfallene Gipfelburg. Die Ruine der Burg befindet sich auf dem steil aus dem Leinetal aufragenden kegelförmigen Rusteberg.

4. Natur- und Vogellehrpfad, Osterbrücken

Mithilfe von Hörstationen und lehrreichen Infotafeln lassen sich auf dem Natur- und Vogellehrpfad zahlreiche Informationen aus der Vogel- und übrigen Tierwelt erlehnen.

5. Alteburg bei Schwarzerden

Die Alteburg ist ein hoher Berg im Soonwald. Auf ihm befinden sich eine Wallanlage und der Aussichtsturm Alteburgturm, der einen Ausblick auf die Hunsrückhöhen und bei guten Verhältnissen sogar bis in die Eifel bietet.

strecke. Für Familien empfiehlt sich, mit der Bahn talaufwärts zu fahren und dann über den Radweg wieder zurück. Wenn es unterwegs mal nicht mehr weitergeht, ist das kein Problem, denn der nächste Haltepunkt der Ostertalbahn ist immer in der Nähe! Übrigens: Der Fahrradtransport ist in den Zügen der Ostertalbahn kostenlos. Von Schwarzerden aus bieten sich verschiedene Ziele für Wandertouren an. Ein ganz besonderes Ziel ist die Burg Lichtenberg, eine der größten Burgruinen Deutschlands. Sie ist über den »Fritz-Wunderlich-Wanderweg« ab dem Bahnhof Schwarzerden gut zu Fuß oder mit dem Fahrrad zu erreichen. Ebenso gibt es zahlreiche Gelegenheiten für Radtouren.

Ein besonderes Ziel ist Burg Lichtenberg, eine der größten Burgruinen Deutschlands.

Kleine Geschichte der Bahn

Die Ostertalbahn gehört zu den jüngeren Bahnstrecken in Deutschland, auch wenn es bereits ab 1900 Pläne zur Erschließung der Region durch eine Eisenbahn gab.
Mitte der 1920er-Jahre tauchten viele Bahnprojekte im Einzugsgebiet des Ostertals auf. Neben einer Trassierung entlang des Flusses existierten Pläne einer Bahnlinie St. Wendel –

▼ Immer freundlich: das ehrenamtliche Bahnpersonal der Ostertalbahn

◀ Auch ein Viadukt gehört zu den Attraktionen der Strecke.

▶ Ottweiler von oben

Niederkirchen – Oberkirchen und einer weiteren von Neunkirchen über Breitenbach und Herschweiler nach Kusel. Eine rasche Realisierung dieser Vorhaben wurde durch den Umstand verhindert, dass stets neben bayerischem (= Pfalz) und preußischem Terrain das dem französischen Zollgebiet zugeschlagene Saarland hätte berührt werden müssen. Erst mit der Machtergreifung Hitlers kam Bewegung in die Sache. Ein wichtiger Grund war die Arbeitsbeschaffung, sodass 1934 der erste Spatenstich gefeiert werden konnte. Vier Jahre später erfolgte die Inbetriebnahme durch das Ostertal mit einer Gesamtlänge von 21 Kilometern. An ihrem Endpunkt traf die Strecke auf die seit 1936 durchgängig befahrbare Bahnstrecke Türkismühle – Kusel. Die hohe Achslast von 22,5 t (statt der auf deutschen Nebenbahnen meist üblichen Achslast 16,0 t) sowie die Trassenführung mit lediglich zwei schienengleichen Bahnübergängen, dafür aber 32 Kunstbauwerken in Form von Brücken und Wasserdurchlässen, geringen Steigungen und etlichen langgezogenen Kurven, aber auch der einstige Anschluss an die Glantalbahn via Schwarzerden – Pfeffelbach – Kusel – Altenglan belegen, dass die 1938 endgültig fertiggestellte Ostertalbahn wohl beim eventuellen Ausfall von Hauptstrecken beziehungsweise Knotenpunkten durch bei-

spielsweise Luftangriffe als Umleitungsstrecke für Militärtransporte vorgesehen war. Im Zuge der erneuten Abtrennung des Saarlandes nach dem Zweiten Weltkrieg fanden 1947 zunächst Zollkontrollen in Werschweiler, später in Schwarzerden statt. 1980 wurde der Personenverkehr auf der gesamten Strecke eingestellt. Bereits 1998 hegte die DB schließlich Pläne, die Strecke stillzulegen. Da dies einen Abbau der Gleise zur Folge gehabt hätte, regte sich vor Ort Widerstand. In der Folgezeit gelang es, dass der Kreisverkehrs- und Infrastrukturbetrieb St. Wendel die Gleise übernehmen konnte.

Sehenswertes entlang der Strecke

Eisenbahnerlebnisweg Westrichbahn Am heutigen Endbahnhof Schwarzerden und der großen Talbrücke Oberkirchen wurde im Verlauf des Fritz-Wunderlich-Weges der erste Eisenbahnerlebnisweg des Saarlandes eingerichtet. Entlang der drei Kilometer langen Strecke erläutern Infotafeln an sechs Stationen die dort aufgestellten Signale bzw. herausragenden Bauwerke wie den Tunnel zwischen dem ehemaligen Bahnhof Oberkirchen Nord und Schwarzerden sowie die Talbrücke in Oberkirchen. Der auf seiner gesamten Länge barrierefreie Weg bietet sich zu einer informativen Wanderung an. Fahrgäste der Ostertalbahn verlassen den Zug im Haltepunkt Oberkirchen Süd und wandern zunächst hinunter ins Dorf. Am Kreisverkehr in der Dorfmitte geht's rechts ab bis zur Talbrücke. Am Parkplatz führt ein geteerter Weg hinauf auf die Talbrücke und den Wanderweg. Von hier

▼ Der Besuch im Rosengarten Ottweiler empfiehlt sich nicht nur zur Blütezeit.

▶ Vorbei an Solarfeldern führt die Fahrt von Ottweiler nach Schwarzerden.

aus führt der Weg über die ehemalige Trasse stetig hinunter bis nach Schwarzerden. Weiter am Bahndamm entlang wird im Bahnhof wieder der Zug der Ostertalbahn für die Rückfahrt erreicht.

STRECKENVERLAUF

Ottweiler (Saar) – Ottweiler-Wingertsweiher – Fürth (Ostertal) – Dörrenbach – Werschweiler – Niederkirchen (Ostertal) – Marth – Osterbrücken – Haupersweiler – Oberkirchen Süd – Schwarzerden

TIPPS & INFOS

MITFAHREN Es verkehren drei Zugpaare auf der Gesamtstrecke von Ottweiler Bhf. DB bis nach Schwarzerden. Die Züge der Ostertalbahn verkehren an ausgewählten Sonntagen von April bis Oktober

TICKETS Die Fahrkarten sind vor Ort beim Zugpersonal erhältlich. Es werden neben Hin- und Rückfahrkarten auch Familien-Tageskarten und Einzel-Tageskarten angeboten.

ANREISE Zielbahnhof ist der DB-Bahnhof Ottweiler an der Nahetalbahn von Saarbrücken, Neunkirchen nach Bingen. Die Züge der Ostertalbahn sind auf die Anschlusszüge abgestimmt.

EHRENLOKFÜHRER Endlich mal selbst ans Steuer: Bei der Ostertalbahn ist das möglich. Es wird ein Ehrenlokführerschein auf der Diesellok, einer Köf der Baureihe 332, angeboten. Nach einer theoretischen Einweisung mit Arbeitsschutz-Belehrung begleitet man an den beiden Kurstagen einen der Lokführer beim Dienst auf einer Diesellokomotive. Dabei erhält man Einblick in den Betriebsdienst mit Rangierarbeiten, Zugvorbereitung und Fahrbetrieb an einem Betriebstag mit mehreren Zugfahrten.

AUF EINEN BLICK

Eröffnung 1934 bis 1938 in Abschnitten
Fahrzeit 45 Minuten
Streckenlänge 21 Kilometer
Höchstgeschwindigkeit 50 km/h
Spurweite 1435 Millimeter
Zug Kleindiesellok mit Umbauwagen

25 Mit der Döllnitztalbahn durch die Dahlener Heide

Mit Regelzügen auf Schmalspur unterwegs

Die Döllnitztalbahn ist keine Museumsbahn: Sie befördert tagtäglich Schüler. Aber auch Ausflügler und Pendler nutzen die Kleinbahn, die als öffentlicher Personennahverkehr in den Mitteldeutschen Verkehrsverbund integriert ist.

Im Herzen von Sachsen, zwischen Leipzig und Dresden, liegt das eindrucksvolle Landschaftsschutzgebiet der Dahlener Heide und des Wermsdorfer Waldes. Diese Reiselandschaft ist durch großflächige Wälder, weites, leicht hügeliges bis flaches Land und durch zahlreiche Teiche und Seen mit einer vielfältigen Flora und Fauna gekennzeichnet. Für Natur- und Wanderfreunde gibt es gut beschilderte Rad-, Wander- und Reitwege. Zu einem Besuch laden an warmen Tagen Frei- und Naturbäder ein. Reit- und Fahrzentren, Tiergehege, Schlösser und Museen sowie die Bahn auf schmaler Spur sorgen für einen abwechslungsreichen Urlaub. Durch den hohen Wildbestand an Schwarz-, Dam- und Rotwild sind die Dahlener Heide und der Wermsdorfer Wald seit Anfang des 16. Jahrhunderts beliebte Jagdgebiete, welche bereits August der Starke und der Sächsische Hof zu schätzen wussten. Wildbret gehört ebenso wie der einheimische Fisch zu den lukullischen Spezialitäten dieser Reiselandschaft.

Von Leipzig nach Oschatz

Gemütliche Gaststätten laden zur Einkehr ein und Erholung Suchende finden zahlreiche Übernachtungsmöglichkeiten in Hotels, Pensionen, Ferienhäusern oder auf Campingplätzen. Der DB-Bahnhof der Hauptstrecke Leipzig – Dresden liegt weit vor den Toren der

◀ Von der ersten Plattform auf den Personenwagen kann man die Fahrt beobachten.

▶ Die St.-Aegidien-Kirche in Oschatz wurde im neugotischen Stil erbaut.

Sehenswertes

1. Schloss Leuben, Oschatz

Das Schloss im Stil des Sächsischen Barocks wurde auf den Grundmauern einer 1445 errichteten Wasserburg aufgebaut. Der eigens gegründete Leubener Schlossverein e.V. kümmerte sich um die Instandhaltung des einsturzgefährdeten Gebäudes. www.schloss-leuben.de

2. Stadtrundgang Mügeln

Der Stadtrundgang in Mügeln führt zu rund 50 stadtgeschichtlichen Orten und Bauten in der Altstadt. Kleine Tafeln informieren über die Benennung des Objekts und geben einige historische Daten wieder.

3. Schloss Ruhethal, Mügeln

1261 einstmals als Burganlage gebaut und von einem Wassergraben umgeben, diente es nach seinem Umbau 1572 dem letzten katholischen Bischof zu Meißen Johann IX. von Haugwitz als Residenz und Altersruhesitz. Heute befindet sich das Schloss im Familienbesitz.

4. Albertturm auf dem Collmberg, Oschatz

Der fackelähnliche Aussichtsturm auf dem Collmberg ist etwa 18 Meter hoch. Bei guter Sicht ist ein Blick von Leipzig über den Erzgebirgskamm bis in das Lausitzer Bergland möglich.

Altstadt von Oschatz. Die Kleinbahn startet direkt gegenüber den Gleisen der Hauptbahn und führt zunächst in Richtung Süden durch ein gewerblich genutztes Mischgebiet. Bis vor wenigen Jahren lag dort noch ein Drei-Schienen-Gleis, sodass auch Güterwagen der »großen« Bahn dorthin gelangen konnten. Der Güterverkehr wird deutschlandweit allerdings größtenteils auf der Straße abgewickelt, sodass für die Eisenbahn nur noch die Personenbeförderung übrig bleibt. Es folgen die Haltepunkt Oschatz Lichtstraße und Oschatz Körnerstraße. Wer in die Altstadt von Oschatz möchte, sollte dort aussteigen. Als nächstes folgt der eigentliche »Hauptbahnhof« von Oschatz, die Station Oschatz-Süd. Gegenüber liegen die Parkanlagen des O-Schatz-Parks.

Am idyllisch gelegenen Rosensee lädt die »längste Bank« zum Verweilen ein.

Dieser entstand in Nachnutzung der vierten sächsischen Landesgartenschau 2006 und erfreut heute große und kleine Besucher mit vielfältigen Angeboten. Dazu zählen unter anderem der Tierpark mit exotischen Tierarten, der Abenteuerspielplatz, das Labyrinth, der Skatepool, eine Grillecke sowie die Minigolfanlage. Am idyllisch gelegenen Rosensee lädt die »längste Bank« zum Verweilen ein. Die Multifunktionshalle beherbergt eine große Kaffeekannensammlung. Die notarielle Zählung im November 2009 bescheinigte 18 179 Exemplare, beendete aber gleichzeitig

▼ Die Dahlener Heide ist ein Landschaftsschutzgebiet in Nordsachsen.

▶ Ausgangspunkt der Strecke ist Oschatz an der ICE-Strecke von Leipzig nach Dresden.

die große Sammelaktion. Wir setzen die Fahrt mit der Kleinbahn fort. Nun wird die Umgebung sehr ländlich.

Landwirtschaftlich geprägtes Gebiet

Durch Felder und Wiesen verlaufen die Gleise weiter über Kleinforst-Rosensee, Altoschatz-Rosenthal weiter nach Thalheim und Naundorf. Die riesigen Felder einstiger LPG-Betriebe prägen ganz deutlich die Landschaft. Teilweise sind auf einem Feld bis zu vier Traktoren zu beobachten. Hinter Naundorf läuft die Bahn ein Stück parallel zur Ortsverbindungsstraße, die aber kurz vor Schweta ihre alte Lage verlässt und als großzügige Ortsumgehung alle Siedlungen umfährt.
Wie harmonisch sich die Eisenbahn ins Landschaftsbild fügt, wird wieder einmal beim Vergleich dieser Straße mit der Gleistrasse deutlich. Nun erreichen wir bereits die große Bahnhofsanlage von Mügeln, den Endpunkt der meisten Züge. Früher verzweigte hier die Strecke, die weiter bis nach Döbeln führte. Unsere Strecke führt jedoch weiter über Altmügeln bis Nebitzschen. Dort verzweigen sich die wieder aufgebauten Gleise nach Kemmlitz und Glossen. Der Endbahnhof Glossen dient auch dem Schülerverkehr, während der Streckenabschnitt nach Kemmnitz zur touristischen Erschließung der ehemaligen Kaolin-Tagebaugruben genutzt werden soll.

Kleine Geschichte der Bahn

Bereits in den 1840er-Jahren wünschte man sich in der Gegend eine Bahnanbindung, die Bestrebungen insbesondere in Mügeln wurden in den folgenden Jahrzehnten weiter fortgesetzt, allerdings zunächst noch ohne Erfolg. Das erste Dekret der sächsischen Regierung zum Bahnbau entstand 1879, wurde aber vom Sächsischen Landtag noch abgelehnt. Dem zweiten Dekret von 1881 über den Bau einer Strecke Oschatz–Mügeln–Döbeln wurde 1882 vom Landtag zugestimmt, eine Stichbahn von Mügeln nach Wermsdorf war dabei ebenfalls angedacht.

Die Strecke Oschatz–Mügeln–Döbeln wurde 1884/1885 in zwei Abschnitten eröffnet. Insbesondere der Güterverkehr entwickelte sich positiv. Da die Kemlitzer Kaolingruben vor allem in Nebitzschen verluden, wurde um 1900 von zahlreichen Anliegergemeinden eine Umspurung auf Normalspur gefordert, was jedoch nicht erfolgte. Ab 1967 wurde der Verkehr auf der Strecke schrittweise reduziert.

Die Deutsche Reichsbahn übergab die noch vorhandene Strecke Mügeln–Nebitzschen im November 1993 an die neu gegründete private Bahngesellschaft Döllnitzbahn. Diese war 1993 auf Initiative des Landkreises Oschatz und des Fahrgastverbandes Pro Bahn gegründet worden. 1995 wurde durch die Döllnitzbahn der Reisezugverkehr bis Altmügeln wieder aufgenommen. Zunächst verkehrten die Züge nur für den Schülerverkehr, später wurde auch ein regelmäßiger Verkehr an Werktagen eingeführt. Allerdings wurde 2001 der restliche Güterverkehr gänzlich aufgegeben. In den Jahren 2005 und 2006 wurde das Gleis zwischen Nebitzschen und Glossen wieder aufgebaut.

▲ Hier am Führerhäuschen in Mügeln kann man die Sonne genießen.

▶ Die alte Schüttgut-Verladeanlage wurde rekonstruiert und wird zu Schauzwecken betrieben.

Förderverein »Wilder Robert« e.V.

1994 gründete sich der Förderverein »Wilder Robert« e.V. mit dem Ziel, die Döllnitzbahn GmbH bei der Erhaltung der Strecke, der Fahrzeuge und der Bahnhofsanlagen zu unterstützen. Der Erhalt des Dampfbetriebes und des historischen Wagenparks ist dabei das vorherrschende Bestreben des Vereins. Damit der »Wilde Robert« in eine gesicherte Zukunft dampfen kann, stehen weiterhin verschiedene Projekte auf der Aktivitätenliste des Fördervereins. Es gibt bereits viele sichtbare Erfolge der Vereinsarbeit: So lädt der sanierte Güterboden in Mügeln mit einer Ausstellung zur Geschichte der Strecke die Fahrgäste ein. Gleichzeitig schafft ein Souvenirverkauf die Möglichkeit, sich ein Andenken mit nach Hause zu nehmen. Das originalgetreu restaurierte und eingerichtete Stellwerk 1 in Mügeln gibt einen Eindruck von der Arbeitsweise zu Zeiten der Deutschen Reichsbahn. Der Förderverein war auch maßgeblich am Wiederaufbau des Streckenabschnitts Nebitzschen – Glossen, einem Teil der ehemaligen Wermsdorfer Strecke, beteiligt. Auch die Wiederinbetriebnahme des Streckenabschnittes nach Kemmlitz basiert auf Unterstützung des Vereins. Durch die Unterstützung regionaler Handwerksbetriebe konnte auch die Wartehalle in Nebitzschen restauriert werden. Viel Wert wird auf die betriebsfähige Vorhaltung der Dampfloks gelegt. Durch die Hauptuntersuchung der Dampflok 99 574 und mit der Aufarbeitung weiterer Personen-, Gepäck- und Güterwagen schafft es der Verein, einen historischen Betrieb auf der Strecke mit zu gewährleisten. Nicht zu vergessen sind die zahlreichen, in Zusammenarbeit mit der Döllnitzbahn organisierten und durchgeführten Fahrten und Veranstaltungen, die mittlerweile zum festen

Besonders sehenswert ist der detailgetreu restaurierte Altstadtkern von Oschatz.

Bestandteil jedes Betriebsjahres geworden sind. Viele Vereinsmitglieder mit entsprechenden Ausbildungen und Berechtigungen sichern als Lok- und Zugführer sowie Heizer und Schaffner gemeinsam mit den Mitarbeitern der Döllnitzbahn GmbH die Wochen-

endfahrten ab. So vielfältig wie das Thema Eisenbahn sind auch die Betätigungsfelder beim »Wilden Robert«. Benötigt werden nicht nur Leute vom Fach. Mitmachen kann jeder, der an der Eisenbahn Interesse hat und sich mit seiner Zeit und seinem Können einbringen möchte.
DBV-Förderverein »Wilder Robert« e.V., Tel. 034362 – 375 41, www.wilder-robert.de

Sehenswertes entlang der Strecke

Oschatz Besonders sehenswert in dem kleinen Städtchen sind der detailgenau restaurierte Altstadtkern mit Neumarkt und Altmarkt und die Aegidien-Kirche mit der historischen Türmerwohnung.

Ökologische Station in Naundorf Sie wird vom Umweltverein Grüne Welle betrieben. Hier steht die Umweltbildung im Vordergrund: Schulklassen, Kindergartengruppen, Vereine und andere Gruppen können hier Projekte zu verschiedenen Umweltthemen buchen. Außerdem treffen sich die Kinder- sowie Jugendumweltgruppen regelmäßig, um Projekte durchzuführen oder mehr über die Umwelt und Natur zu erfahren. Für Erwachsene (und Jugendliche) werden Themenabende und verschiedene Vorträge angeboten. Grüne Welle Umweltverein e. V., Straße der Einheit 18, 04769 Naundorf, Tel. 03435 – 92 00 89

Heimatmuseum Mügeln Das Museum basiert auf einer umfangreichen privaten Sammlung und erhält wichtige Zeugnisse der Region, die heute teilweise längst in Vergessenheit geraten sind. Das Museum ist im Gebäude der Schulstraße 2 untergebracht. Tel. 034362 –41 00

STRECKENVERLAUF

Oschatz – Oschatz Lichtstraße – Oschatz Körnerstraße – Oschatz-Südbahnhof – Altoschatz-Rosental – Thalheim-Kreischa – Naundorf (b.Oschatz) – Schwerta Gasthof – Schwerta – Gauschwitz-Flocke – Mügeln Bf – Altmügeln – Nebrischen – Kemmnitz – Poppiz – Glossen

▼ Das Zentrum von Oschatz ist wirklich malerisch.

▶ Zwei Waggons reichen für das spärliche Reisendenaufkommen.

TIPPS & INFOS

MITFAHREN An Schultagen verkehren drei Zugpaare auf der Stammstrecke Oschatz – Mügeln und an schulfreien Werktagen vier Zugpaare. Südlich von Mügeln wird das Verkehrsangebot schon deutlich geringer. Nur 1 x täglich wird an schulfreien Tagen Glossen und Kemmnitz angefahren. An den Schultagen wird Kemmnitz gar nicht bedient und Glossen ebenfalls nur einmal angefahren. An Samstagen, Sonn- und Feiertagen findet meist kein Zugverkehr statt, außer es verkehren die rein touristischen Dampfzüge.

TICKETS Seit Dezember 2018 betreibt die Döllnitzbahn im sanierten Mittelteil des Oschatzer Bahnhofs eine Mobilitätszentrale. Dort sind alle Fahrscheine erhältlich. MDV-Tickets sind beim Fahrpersonal, in den Servicestellen der Verkehrsunternehmen, an Ticketautomaten, in ausgewählten Geschäften des Einzelhandels und über die App MOOVME erhältlich. Auch über die App der Deutschen Bahn AG bekommt man Tickets. Die Bahnlinie liegt im Bereich des Mitteldeutschen Verkehrsverbundes (MDV) und durchfährt dabei die beiden Zonen 127 (Oschatz) und 129 (Mügeln). Für Fahrten innerhalb einer Zone ist eine Fahrkarte für eine Zone erforderlich, für Fahrten über zwei Zonen benötigt man eine Fahrkarte in der zweiten Preisstufe (Zone). Es kann auch in andere Verkehrsmittel umgestiegen werden. Für das MDV-Gesamtnetz gibt es eine Netzfahrkarte, sodass z. B. ab Leipzig mit einer Fahrkarte durchgefahren werden kann. Für Fahrten innerhalb des Stadtgebietes Oschatz gibt es einen Stadtverkehrstarif bzw. zwischen zwei Stationen einen Kurzstreckentarif. Weiterhin anerkannt werden Sachsen-Ticket und weitere Ländertickets, bei Dampfbetrieb wird zusätzlich der Dampfzuschlag erhoben. Am Wochenende wird bei Dampfbetrieb zur MDV-Fahrkarte ein Dampfzuschlag (siehe unten) pro Fahrt und Person zusätzlich erhoben.

ANREISE Der Ausgangspunkt der Döllnitztalbahn ist Oschatz an der Hauptbahn Leipzig – Dresden. In beiden Fahrtrichtungen hält stündlich der Regionalexpress. Der DB-Bahnhof befindet sich in Sichtweite zum Abfahrtsbahnhof der Döllnitztalbahn.

AUF EINEN BLICK

Eröffnung In Etappen: 1885 bis 1903
Fahrzeit Rund 40 Minuten zwischen Oschatz und Mügeln
Streckenlänge 20 Kilometer
Höchstgeschwindigkeit 30 km/h
Spurweite 750 Millimeter
Zug Moderner Dieseltriebwagen, Personenwaggons mit Diesellok. Dampfzug

26 Ein Stück Bahnhistorie: die Wipperliese

Im Esslinger-Triebwagen durchs Mansfelder Land

Unter Regie der Kreisbahn Mansfelder Land wird die Bahn von Klostermansfeld nach Wippra mit einem komfortablen Dieseltriebwagen befahren. Immer samstags und sonntags sowie am ersten und dritten Mittwoch im Monat von Anfang April bis Ende Oktober kann man die Mitfahrt genießen.

Die hellblau-grauen Triebwagen der Wipperliese stammen ursprünglich aus dem schwäbischen Städtchen Esslingen bei Stuttgart. In der dortigen Maschinenfabrik wurden in den 1950er- und 1960er-Jahren viele Lokomotiven und Triebwagen für die westdeutsche Bundesbahn und zahlreiche Privatbahnen gebaut. Geliefert wurden die heutigen Triebwagen der Wipperliese ursprünglich an die Frankfurt-Königsteiner Eisenbahn. Dort waren sie bis 1987 im Einsatz. Nach einem Intermezzo wieder in Württemberg wurden sie in den 1990er-Jahren in der Mansfelder Lokomotiv- und Wagenwerkstatt (MaLoWa) in Klostermansfeld aufgearbeitet, sodass ab 1997 mit ihnen der reguläre Personennahverkehr auf der Wipperliese von der Deutschen Bahn AG übernommen werden konnte.

Nur noch Freizeitverkehr

Anfangs waren die Züge im Auftrag der Deutschen Bahn AG unterwegs. Die Fahrgastzahlen konnten gegenüber den bisherigen DB-Zügen verachtfacht (!) und damit die Erhaltung der reizvollen Bahnstrecke gesichert werden. 1998 und 1999 wurden die Gleisanlagen grundlegend erneuert. Zwischen 2000 und 2013 sanken jedoch die Nutzerzahlen soweit ab, dass die Bahnlinie nur noch im Frei-

◀ In Klostermansfeld trifft die Wipperliese auf moderne Züge nach Magdeburg und Erfurt.

▶ Hettstedt liegt 40 Kilometer nordwestlich von Halle im östlichen Harzvorland.

Sehenswertes

1. Museum Luthers Elternhaus, Mansfeld

Martin Luther ist in Mansfeld aufgewachsen und verbrachte seine Schulzeit und Jugend dort. In Luthers Elternhaus erfährt man anhand spektakulärer archäologischer Fundstücke, wie der Alltag und das Leben der Familie aussah.
www.martinluther.de

2. Schloss Mansfeld

Umgeben von den Ruinen zweier Schlösser und einer Festung liegt Schloss Mansfeld auf einem Felsen 60 Meter über der gleichnamigen Stadt.
www.schloss-mansfeld.de

3. Ritterhof, Biesenrode

Der Ritterhof bildet zusammen mit der sich unmittelbar daneben befindlichen Kirche St. Bartholomäus den historischen Ortskern von Biesenrode. Der Neubau des Ritterhofes stammt aus dem Jahr 1698 und imponiert mit seinen wehrhaften Mauern.

4. Wippertalsperre, Wippra

Rund sieben Kilometer von Wippra entfernt befindet sich die Wippertalsperre. Sie sicherte 40 Jahre lang die konstante Versorgung mit Brauchwasser, heute dient sie dem Hochwasserschutz und erfreut sich zudem großer Beliebtheit bei Wanderern.
www.wippra-harz.de

zeitverkehr betrieben werden kann. Die Bahnlinie hat ihren Ausgangspunkt im Bahnhof Klostermansfeld. Kurioserweise liegt dieser Bahnhof jedoch auf Gemarkung der Gemeinde Benndorf, was oft für Verwirrung sorgt, denn der Bahnhof Benndorf der benachbarten Museumsbahn Mansfelder Bergwerksbahn und der DB-Bahnhof Klostermannsfeld liegen direkt nebeneinander. Von dort verläuft die Bahnlinie zunächst parallel zur Hauptstrecke Erfurt – Magdeburg in Richtung Hettstedt.

▲ Noch wenig touristisch bekannt ist die Region zwischen Mansfelder Land und dem Harz.

► Idyllische Abendstimmung im Seegebiet Mansfelder Land

Heimat Martin Luthers: Mansfeld

Nach der Unterquerung der Gleise der Bergwerksbahn windet sich die Bahnlinie anschließend bis zum Endbahnhof westwärts das Tal des Flüsschens Wipper hinauf. Bedeutende Kunstbauten sind das Mansfelder Viadukt, auch als Hesselbachviadukt bezeichnet, und der Rammelburger Tunnel. Die erste große Station nach dem Start in Klostermansfeld ist der Bahnhof Mansfeld. Diese Stadt wurde bereits 973 erstmals urkundlich erwähnt. Über Jahrhunderte bestimmten Kupfer- und Silbergewinnung in den Hütten die Entwicklung der Stadt. Durch Martin Luther, der hier seine Kindheit und Jugend verbrachte, wurde Mansfeld über die Landesgrenzen hinaus bekannt. Nach Voranmeldung ist auch das mittelalterliche Schloss, das von 950 bis 1780 Stammsitz der Mansfelder Grafen war, zu besichtigen (Tel. 034782 – 202 01).
Über Vatterode mit seiner ehemaligen DDR-Pioniereisenbahn, der heutigen Parkeisenbahn, Biesenrode und Friesdorf erreicht der Zug den Endbahnhof Wippra. Größte Attraktionen sind dort die Sommer- und Winterrodelbahn mit Kletterfelsen, die Museums- und Traditionsbrauerei. Aber auch sonst gibt es eine ganze Menge Sehenswürdigkeiten und Freizeitangebote. Ein Tipp ist eine Wanderung zur idyllisch gelegenen Talsperre der Wipper mit einer Francis-Turbine. Dort

werden auch Führungen durch das Innere der Staumauer angeboten.

Kleine Geschichte der Bahn

Jahrhunderte lang war das Mansfelder Land ein wichtiges Abbaugebiet für Kupferschiefer. Ab 1880 entstand dort ein großes Werkbahnnetz zwischen den einzelnen Abbaugebieten. Nach der deutschen Wiedervereinigung formierten sich aus der ehemaligen Werkbahn des Mansfeld Kombinats die Mansfeld Transport GmbH, die Mansfelder Lokomotiv- und Wagenwerkstatt (MaLoWa) und schließlich im Dezember 1994 die Kreisbahn Mansfelder Land mit Sitz in Helbra. Bereits seit 1879 mit Eröffnung der Bahnlinie Berlin – Blankenheim gab es im Wippertal den Wunsch nach einer Anbindung durch eine Eisenbahn. Zunächst wurde der Wunsch jedoch abgelehnt, weil er sich als nicht rentabel herausstellte. Erst mit der Planung einer Bahnstrecke von Klostermansfeld über Wippra nach Stolberg nach der Jahrhundertwende kam wieder Bewegung in die Sache. Allerdings war zwischen Wippra und Stolberg dazu der Bau einer großen Talbrücke oder alternativ einer Zahnradbahnstrecke erforderlich. Die Brückenvariante wurde 1907 genehmigt. Durch Verzögerungen beim Grundstückserwerb und dem folgenden Ersten Weltkrieg verzögerten sich die Bauarbeiten allerdings massiv, sodass die Strecke bis

Nach der deutschen Wiedervereinigung formierte sich die Kreisbahn Mansfelder Land.

Wippra erst im Herbst 1920 fertiggestellt werden konnte. Die Verlängerung bis Stolberg wurde nicht mehr verwirklicht, weil die Stadt über die Bahnstrecke Berga-Kelbra – Rottleberode an die Bahn angeschlossen werden sollte, was technisch deutlich einfacher möglich war.

Der Betrieb der Wipperliese wurde von der damaligen Staatsbahn, der Deutschen Reichsbahn-Gesellschaft aufgenommen. Schon damals diente die Strecke neben dem Schüler- und Berufsverkehr auch dem Tourismus, der damals noch »Fremdenverkehr« hieß. Der DDR-Verkehrspolitik, die dem öffentlichen Personenverkehr vor dem Individualverkehr Vorrang gab, ist es zu verdanken, dass die Eisenbahnstrecke erhalten blieb. Doch ab 1989 fielen die Fahrgastzahlen massiv, nachdem preiswerte gebrauchte Autos aus dem Westen erhältlich waren. Teilweise waren nur noch 50 Fahrgäste pro Tag auf der Wipperliese unterwegs. Durch Steigerung der Attraktivität der Züge unter anderem durch einen Zwei-Stunden-Takt und modernisierte Fahrzeuge und letztlich die Übernahme durch die Kreisbahn Mansfelder Land konnte die Linie überleben. Parallel wurden in der Nachbarschaft in Sachsen-Anhalt, Thüringen und Brandenburg hunderte Kilometer Nebenstrecken stillgelegt und später abgebaut.

Sehenswertes entlang der Strecke

Parkeisenbahn Vatterode Die Parkbahn hat eine Spurweite von 500 Millimetern und verbindet auf 1,3 Kilometern die Ortschaft Vat-

▼ Schloss Rammelburg erhebt sich über dem gleichnamigen Ortsteil der Stadt Mansfeld.

▶ Höhepunkt bei einer Fahrt ist die Überfahrung des großen Talviadukts.

terode mit dem Naherholungsgebiet Vatteroder Teich. An ausgewählten Wochenenden findet Fahrbetrieb statt.
www.parkeisenbahn-vatterode.de

Museumsbahn Mansfelder Bergwerksbahn Die Dampfzüge der Museumsbahn verkehren von Ende März bis Anfang Oktober an allen Samstagen. Zusätzlich gibt es zahlreiche Sonder- und Themenfahrtage.
www. bergwerksbahn.de

Museums- und Traditionsbrauerei Wippra Brauereiführungen mit Bierverkostung und Bierbrau-Tagesseminaren werden in Wippra angeboten. www.wippra-bier.de

STRECKENVERLAUF

Klostermansfeld – Klostermansfeld-Randsiedlung – Mansfeld (Südharz) – Vatterode – Vatteroder Teich – Gräfenstuhl-Klippmühle – Biesenrode – Friesdorf Ost – Friesdorf – Wippra

TIPPS & INFOS

MITFAHREN Die Züge verkehren zwischen den Bahnhöfen Klostermansfeld und Wippra an allen Wochenenden von Anfang April bis Ende Oktober sowie an jedem ersten und dritten Mittwoch im Monat im Zwei-Stunden-Takt. Das erste Zugpaar um 7.30 Uhr ab Klostermansfeld verkehrt nur mittwochs. Auf der Strecke pendelt nur ein Dieseltriebwagen, der in Wippra jeweils sieben Minuten Aufenthalt hat.

TICKETS In der Wipperliese gelten ausschließlich die Fahrkarten der Kreisbahn Mansfelder Land sowie das Wisel-Ticket und saisonal auch das Schüler-Ferien-Ticket. Die Fahrscheine sind beim Personal erhältlich.

ANREISE In Klostermansfeld bestehen Anschlussmöglichkeiten an die Buslinie VGS-420 von und nach Lutherstadt Eisleben sowie an den Regionalexpress in und aus Magdeburg. In Wippra können die Anschlüsse zur Buslinien VGS-460 aus und in Richtung Sangerhausen genutzt werden.

AUF EINEN BLICK

Eröffnung 1920
Fahrzeit 29 Minuten
Streckenlänge 20 Kilometer
Rammelsburger Tunnel287 Meter Länge
Spurweite 1435 Millimeter
Zug Esslinger Dieseltriebwagen
Internet www.wipperliese.de

27 Mit der Eisenbahn über den Dorfplatz

Auf 18 Kilometern durchs Tal der Olef

Eine Fahrt im historischen MAN-Dieseltriebwagen von Kall nach Hellenthal mit der einzigartigen Dorfplatzüberquerung in Olef ist ein besonderes Erlebnis. Die Bahnstrecke in der Nordeifel wurde ab 1981 nur noch im Güterverkehr genutzt.

Ausgangspunkt für eine Fahrt mit der Oleftalbahn ist der Bahnhof Kall an der Eifel-Bahn (Köln-) Euskirchen – Gerolstein – Trier. Die Züge beginnen und enden auf Gleis 1 vor dem Empfangsgebäude. Die Bahnlinie verlässt den Bahnhof in Richtung Nordwesten und streift zunächst den Ortsrand von Kall. Wenig später verläuft die Trasse durch das Tal der Urft direkt neben der Landstraße und der Siedlung Anstois parallel der Bundesstraße 266. Durch das Gewerbegebiet Mauel, einst ein bedeutender Standort der Eisenindustrie, folgen wir der Bundesstraße bis in den Bahnhof Gemünd. Hier wendet sich die Nebenbahn beinahe in einem rechten Winkel von dem Urfttal ab und führt in einem großen Bogen durch den Gemünder Tunnel. Die Strecke tritt hier in das namensgebende Flusstal der Olef ein und führt parallel zur Talstraße bis zum Haltepunkt des gleichnamigen Ortes.

Dorfplatzüberquerung im Triebwagen

Nun folgt der betriebliche Höhepunkt der Strecke: Der Zug muss nun, postengesichert, den Marktplatz überqueren. Fotografierende Fahrgäste haben hier auch die Möglichkeit, ein paar Bilder zu machen. Nach dieser betrieblichen Besonderheit geht es durch eine Engstelle zwischen Felsen und weiter entlang

◀ Bei der Oleftalbahn sind auch junge Schaffner unter Aufsicht im Einsatz.

▶ Die Stiftskirche in Bad Münstereifel ist eine gut erhaltene romanische Basilika.

Sehenswertes

1. Stolzenburg, Kall

Die Stolzenburg ist die Ruine einer Höhenburg im Tal der Urft. Am Fuße der Burg führte die römische Eifelwasserleitung vorbei. www.eifel.info

2. Römerquelle »Grüner Pütz«, Nettersheim

Die Urfttalaue beherbergt seit Ende des 1. Jh. n. Chr. die südlichste Quellfassung des bedeutendsten technischen Bauwerks der Römerzeit nördlich der Alpen. Die Eifelwasserleitung versorgte das heutige Köln mit Trinkwasser.

3. Burg Reifferscheid, Hellenthal

Die 1106 erstmals erwähnte Burg Reifferscheid ist eine für die Eifel typische mittelalterliche Höhenburg. Die heutige Anlage aus Schlossruine, Vorburg und befestigter Burgsiedlung spiegelt den Wandel dieses einstigen Herrschaftssitzes wider. www.eifel.info

4. Oleftalsperre, Hellenthal

Die Talsperre am Olefsee wurde zum Nutzen des Hochwasserschutzes und der Trinkwassergewinnung erbaut. Sie verfügt über eine gewaltige, in Deutschland einmalige Staumauer. www.hellenthal.de/tourismus/sehenswertes/oleftalsperre

der alten Landstraße über Höddelbusch, der ehemaligen Panzer-Verladerampe des Truppenübungsplatzes Camp Vogelsang, in den mehrgleisigen Schleidener Bahnhof, dessen Empfangsgebäude leider nicht mehr vorhanden ist. Eingleisig folgt der Schienenstrang nun der Bundesstraße 265 bis Oberhausen. Der Fluss wird auf einer Stahlbrücke überquert und nach kurzer Fahrt wird das Bahnhofsgebäude von Hellenthal-Blumenthal passiert, das erst 1950/51 erbaut wurde und heute als Wohnhaus dient. Nun sind es nur noch knapp zwei Kilometer bis zum Endbahnhof Hellenthal, wo die Fahrt mit dem historischen Schienenbus endet. Der gesamte Trassenverlauf der Stichbahn ist typisch für die kostengünstige Anlage von Nebenbahnen unmittelbar an und auf vorhandenen Straßen- und Wegetrassen. Der straßennahe Verlauf bedingt unzählige Straßenquerungen, unbeschrankte und beschrankte Bahnübergänge und die Überfahrt über den Olefer Dorfplatz. Durch diese weitestgehend erhaltene typische Anlage als Nebenbahn ist die Bahnlinie ein unverwechselbares und einmaliges Zeugnis der Eisenbahngeschichte in Deutschland, weshalb die Strecke auch seit 2012 unter Denkmalschutz steht.

Kleine Geschichte der Bahn

Erste Bestrebungen, eine Eisenbahnstrecke in das von der Eisenverhüttung und dem Bergbau industriell und wirtschaftlich geprägte Schleidener Tal zu errichten, gab es bereits vor der Inbetriebnahme der ersten Bahnstrecke Deutschlands zwischen Nürnberg und Fürth im Jahre 1835. Die Eisenhütten-Industrie des Schleidener Tales geriet zunehmend in die Krise. Der Mangel an Holzkohle infolge der radikalen Abholzung aller Wälder zur Gewinnung des für die Eisenerzverhüttung wichtigen Brennstoffes, der zunehmende Im-

▼ Der Ort Schleiden-Gemünd bildet das südöstliche Tor zum Nationalpark Eifel.

▶ Richtig schön ist die Fahrt mit den alten MAN-Triebwagen im bunten Herbst.

port billigen Stahles aus England sowie die Konkurrenzsituation zu den Eisenhütten-Standorten, die in der Nähe großer Steinkohlevorkommen lagen, waren die Hauptgründe dafür. Im Jahre 1860 reiste Albert Poensgen, Inhaber des bedeutenden Röhrenwerkes in Gemünd-Mauel, nach Berlin, um den Bau der Bahn in das Schleidener Tal in den Ministerien zu verhandeln. Im Maueler Werk des Albert Poensgen wurden europaweit die ersten geschweißten und druckfesten Röhren gefertigt und von dort in aller Herren Länder exportiert. Zeitweise beschäftigte Poensgen bis zu 500 Menschen. Da seine Bemühungen für eine Eisenbahn in das Schleidener Tal erfolglos blieben, verlagerte Poensgen die Produktion. Handel und Gewerbe erlebten in der Folge schwere Zeiten. 1864/65 wurde die an Schleiden vorbeiführende topografisch einfachere Eisenbahntrasse von Düren über Euskirchen nach Kall und weiter nach Trier realisiert. Mit dem Lückenschluss von Köln bis Euskirchen (1875) war die Eifelbahn vollständig erstellt, das Schleidener Tal aber weiterhin von der Eisenbahn abgeschnitten. Alle Initiativen zum Bau der Bahn ins Schleidener Tal blieben bis dahin erfolglos.

Die Wende kam mit der Übernahme der privaten Eisenbahnunternehmen durch den preußischen Staat. Die preußische Regierung äußerte im Frühjahr des Jahres 1880 ihr Wohl-

Im Maueler Werk wurden europaweit die ersten geschweißten Röhren gefertigt.

wollen betreffend der Strecke Kall – Hellenthal und bereits im Jahre 1881 war die Trasse Bestandteil des Eisenbahngesetzes. Schon im März 1881 war Baubeginn. Die Ausführung als normalspurige Strecke ermöglichte einen direkten Anschluss und Übergang von der und auf die Eifelbahn. Im Unterschied zu vielen anderen in preußischer Zeit gebauten Nebenbahnen hatte der Bau der »Secundairbahn Call=Hellenthal« entgegen einer vielfach fälschlicherweise wiederholten Auffassung keine militärische Bedeutung.

Rohstofftransport mit der Bahn

Nach der Inbetriebnahme 1884 vermochte die Bahnstrecke dem Schleidener Tal Hilfe bei neuen Perspektiven und einem wirtschaftlichen Aufschwung zu leisten. 19 Betriebe hatten einen Anschluss an die neue Eisenbahn und konnten Rohstoffe heranschaffen und ihre Produkte per Bahn transportieren. So wurde die Sekundärbahn zunächst als Güterbahn ein Erfolg und sicherte den Wirtschaftsstandort. Ab 1911 bis in die 1950er-Jahre fuhren im Winter von Köln und Bonn durchgehende Wintersport-Sonderzüge bis Hellenthal. Von dort ging es mit der Kraftomnibuslinie der Post in das Skigebiet Hollerath – Udenbreth. Erhebliche Beschädigungen in den letzten Monaten des Zweiten Weltkriegs führten dazu, dass die Strecke erst 1948 wieder in Betrieb genommen werden konnte. In den Jahren 1949 bis 1951 erhielten Kall, Gemünd, Schleiden und Blumenthal neue Empfangsgebäude. Große Bedeutung hatte der Personenverkehr in den 1950er- und 1960er-Jahren mit täglich zehn Zugpaaren. Eine weitere Funktion der Strecke war der Transport von Fahrzeugen für den Truppenübungsplatz Camp Vogelsang bis 2005. Der stetig ansteigende Individualverkehr und die parallel geführten Straßenbusse verschlechterten die Bilanz der Nebenstrecke zunehmend. Als dann die Bundesbahn die Schienenbusse noch durch teurere, lokbespannte Züge ersetzte, war das Schicksal der Bahn besiegelt. Die Personenbeförderung wurde 1981 eingestellt.

▼ Die NS-Ordensburg diente den Nationalsozialisten als Schulungsstätte und ist die zweitgrößte bauliche Hinterlassenschaft dieser Zeit.

▶ Felsnase bei Abenden, einem kleinen Ort im waldreichen Nationalpark Eifel

1994 wurde der zivile Güterverkehr und 2005 aufgrund der Einstellung des Betriebes des Truppenübungsplatzes auch der Transport von Militärfahrzeugen auf der Oleftalbahn eingestellt. Seit 2006 dient die Strecke in der Saison von Mai bis Oktober dem Sonn- und Feiertagsverkehr sowie ganzjährig für Sonderfahrten. Außerdem wird in Gmünd gelegentlich Stammholz verladen.

STRECKENVERLAUF

Kall – Gemünd (Eifel) – Olef – Schleiden-Höddelbusch – Schleiden – Schleiden-Oberhausen – Blumenthal (Eifel) – Hellenthal

TIPPS & INFOS

MITFAHREN Der Dieseltriebwagen pendelt vier Mal pro Betriebstag zwischen Kall und Hellenthal. Zugverkehr auf dieser Stichbahn wird an allen Sonn- und Feiertagen von Ende Mai bis einschließlich dem 1. November angeboten.

TICKETS Alle Fahrscheine sind im Zug erhältlich. Es gibt neben Einzelfahrscheinen auch eine Familienkarte. Kinder im Alter von 6 bis 14 Jahren bezahlen die Hälfte.

Die Fahrkarten der Verkehrsverbünde sind in den Zügen der Oleftalbahn ungültig. Dafür gibt es mit der Kurkarte 20 % und mit der RWE-Card 10 % Rabatt. Hunde, Fahrräder und Kinder zwischen null und fünf Jahren fahren kostenfrei.

ANREISE Zielbahnhof für die Anreise zur Oleftalbahn ist der Ausgangspunkt Kall. Die Züge auf dieser Strecke verkehren im Stundentakt.

VOGELSANG IP Die einstige NS-Ordensburg Vogelsang ist nach dem Nürnberger Reichsparteitagsgelände die größte bauliche Hinterlassenschaft des Nationalsozialismus in Deutschland. Seit 2006 ist das Gelände mit seiner Gedenkstätte frei zugänglich und mit einer Wanderung vom Bahnhof Gmünd aus erreichbar. Alternativ verkehrt auch der Nationalparkbus zwischen dem Bahnhof und Vogelsang Internationaler Platz.

AUF EINEN BLICK

Eröffnung 1884
Fahrzeit 44 Minuten
Streckenlänge 17,8 Kilometer
Tunnellänge 130 Meter
Spurweite 1435 Millimeter
Zug MAN-Dieseltriebwagen von 1969

Aufgewühlte Ostsee am Dazendorfer Strand, im Hintergrund ist Fehmarn erkennbar.

Am Meer

28 Mit der Inselbahn unterwegs

Von Borkum Reede über die Insel ins Zentrum

Die Lebensader der Insel Borkum ist die Inselbahn von Borkum Reede zur Endstation Borkum Bf mitten im Zentrum. Neben den modernen Zügen gibt es auch eine historische Dampfzuggarnitur sowie einen Wismarer Schienenbus.

Von der einst bis zu 45 Kilometer langen Borkumer Inselbahn sind heute nur noch die 7,5 Kilometer vom Fähranleger zum Bahnhof im Zentrum in Betrieb. Wer mit dem Schiff nach Borkum kommt, sieht die Züge der ältesten deutschen Inselbahn bereits unmittelbar am Anleger stehen. Die historisch wirkenden Waggons sind meist Nachbauten aus dem Jahr 1993, die von modernen Dieselloks der Herstellerfirma Schöma gezogen werden. Bis Anfang der 1980er-Jahre stand es nicht gut um die Zukunft der Inselbahn. Überall im Land wurden Bahnstrecken stillgelegt. Auch auf der Insel Sylt und der Insel Juist wurden die Bahnen eingestellt. In Borkum hat man sich für den Erhalt der Bahn entschieden und profitiert heute wieder sehr von der Eisenbahn.

Bahnfahrt mit Blick aufs Meer

Die Anzahl der Tagestouristen hat in den letzten Jahren zugenommen. Ohne die Inselbahn wäre die Beförderung der vielen Ausflügler viel schwieriger. Die Strecke führt von Borkum Reede ins Zentrum der Insel. Der Umstieg vom Schiff auf den Zug ist abgestimmt. Die Fahrt führt zunächst an einem ehemaligen Militärgelände und der Jugendherberge Borkum vorbei. Parallel zur Reedstraße verläuft die Bahn durch die offene Landschaft mit Blick aufs Meer. Nach drei Kilometern

◀ Bei der Borkumer Inselbahn gibt es auch einen historischen Omnibus.

▶ Der rot-weiß gestreifte Leuchtturm erhebt sich am Südstrand Borkums.

Sehenswertes

1. Alter Leuchtturm

Der Alte Leuchtturm ist das Wahrzeichen und gleichzeitig das älteste Bauwerk der Insel. Der 45 Meter hohe Turm wurde zunächst als Landmarke durch die Stadt Emden errichtet. Das erste Leuchtfeuer wurde erst 1817 auf dem Dach des Turms ein Leuchtfeuer entzündet. www.heimatverein-borkum.de

2. Heimatmuseum »Dykhus«

Nur wenige Meter vom Alten Leuchtturm entfernt liegt das Heimatmuseum »Dykhus« (Deichhaus). Es stellt den traditionellen Typ des Gulfhauses dar. Das Museum lässt in verschiedenen Abteilungen und Zimmern Borkumer Inselgeschichte erlebbar werden. www.heimatverein-borkum.de

3. Neuer Leuchtturm

Nachdem der Alte Leuchtturm 1879 ausbrannte, wurde der Neue Borkumer Leuchtturm errichtet. Der Turm steht an der Westseite der Nordseeinsel Borkum und ist damit der westlichste Leuchtturm Deutschlands. Die Aussichtsplattform kann besichtigt werden. www.borkum.de

4. Musikpavillon

Die tägliche Kurmusik des Pavillons lädt zum Flanieren an der Borkumer Promenade am Nordbad ein. Am besten lässt sich die Aussicht während eines Sonnenunterganges genießen. www.borkum.de

▲ Als »Schweineschnäuzchen« bekannt ist dieser Diesetriebwagen von 1940.

▶ Das Hinweisschild des Inselbahnhofs kann sich sehen lassen.

schwenken die Gleise von der Straße ab und die Strecke verläuft bis zur Siedlungsgrenze im Wald. Es folgt der erste und einzige Haltepunkt mit dem Namen »Jakob-van-Dyken-Weg«. Durch die Siedlungshäuser geht die Fahrt weiter, bis nach 7,5 Kilometern die Endstation Borkum Bahnhof mitten in der Fußgängerzone erreicht wird. Zuvor passiert man noch in Fahrtrichtung links die Fahrzeughalle der Kleinbahn. Dort sind unter anderem der Dieseltriebwagen mit dem Kosenamen »Schweineschnäuzchen« von 1940, die Dampflok und ein historischer Omnibus abgestellt. Übrigens: Mit 900 mm Spurweite ist die Borkumer Inselbahn in Deutschland etwas Besonderes. Die übliche Spurweite bei Schmalspur- und Straßenbahnen beträgt im Regelfall 1000 mm oder 750 mm. Nur die »Molli-Dampfbahn« von Bad Doberan nach Kühlungsborn West fährt ebenfalls mit einer Spurweite von 900 Millimetern. Deshalb waren auch schon Fahrzeuge dieser Bahn leihweise in Borkum im Einsatz.

Kleine Geschichte der Bahn

Bereits 1879 entstand auf Borkum eine schmalspurige Pferdebahn für den Materialtransport zur Baustelle des neuen Leuchtturms. Die Lage der Gleise war mit der heutigen Inselbahn teilweise identisch. 1885 wurde eine Konzession zum Betrieb einer öffentlichen Pferdebahn vergeben. 1888 wurde der Betrieb aufgenommen. Die Strecke entwickelte sich zur Lebensader der Insel. Zwei Baulokomotiven waren im Einsatz. 1903 wurde die Borkumer Kleinbahn und Dampfschifffahrt AG gegründet. Während dem ersten Weltkrieg wurde Borkum zum Sperrgebiet erklärt und die Kleinbahn zur Militärbahn. 1960 wurde aufgrund der Konkurrenz durch den Autoverkehr der Schienenpersonenverkehr während der Winterzeit eingestellt. 1967 wurde der Güterverkehr auf der Schiene eingestellt. Ab 1979 investierte man viel Geld in die Erhaltung der Bahn. 1993 wurde die Strecke zum Teil wieder zweigleisig. 1994 wurden zwei neue Zuggarnituren mit jeweils acht Waggons beschafft und der Winterfahrbetrieb wieder aufgenommen. Die Wiederinbetriebnahme der Dampflok Borkum mit historischen Waggons erfolgte 1997. Auch der Wismarer Schienenbus wurde wieder in Betrieb genommen. Mit den historischen Fahrzeugen werden auch regelmäßig Fahrten angeboten. Seit 2007 verkehren die »normalen« Züge als Wendezug mit zwei Lokomotiven vorne und hinten am Zug.

Sehenswertes entlang der Strecke

Der Wasserturm Der Borkumer Wasserturm ist ein markantes Wahrzeichen der Nordseeinsel Borkum. Der Wasserturm war jahrzehn-

telang ein wichtiger Bestandteil der Versorgungsinfrastruktur Borkums. Wissenswertes über die Trinkwasserversorgung und das markante Bauwerk im Nordosten der Insel werden im Turm präsentiert. Info: Tel. 04922 – 78 36, www.watertoorn-borkum.de

Schweineschnäuzchen on Tour Die Borkumer Inselbahn hält einen Dieseltriebwagen aus dem Jahr 1940 für Nostalgiefahrten bereit. Das Fahrzeug mit dem liebevollen Namen Schweineschnäuzchen verkehrt zu besonderen Terminen. Eine Tour dauert rund eine Stunde. Info: Tel. 04922 – 309-0, www.borkumer-kleinbahn.de

STRECKENVERLAUF

Borkum Bf – Jakob-van-Dyken-Weg – Borkum Reede

TIPPS & INFOS

MITFAHREN Die Inselbahn fährt immer zu den Zeiten ab, zu denen auch die Fähre oder der Katamaran zum Festland oder zur Insel fahren. Die Borkumer Kleinbahn wartet auf die Ankunft der Fähren oder des Katamarans im Hafen von Borkum.

TICKETS Fahrkarten erhalten Sie am Schalter am Bahnhof Borkum bzw. in Emden am Schalter. Grundsätzlich lässt sich sagen, dass bei einer Fahrt mit der Fähre oder dem Katamaran nach Borkum immer bereits die Fahrt mit der Inselbahn enthalten ist.

ANREISE Die Anreise erfolgt mit dem Schiff ab dem Bahnhof Emden-Außenhafen. Die Schiffe legen am Borkumkai ab. In Borkum wartet die Inselbahn auf die Reisenden der Schiffe. Die Züge sind eng auf den Schifffahrsplan abgestimmt.

AUF EINEN BLICK

Eröffnung 1988
Fahrzeit 20 Minuten
Streckenlänge 7,5 Kilometer
Höchstgeschwindigkeit 50 km/h
Spurweite 900 Millimeter Schmalspur
Zug Schöma-Diesellok mit Waggons aus den 1990er-Jahren

29 Ich will zurück nach Westerland

Von Hamburg-Altona nach Westerland auf Sylt

Von Hamburg sind es 237 Kilometer bis nach Westerland. Mit dem Zug ist eine Fahrt über diese Strecke äußerst kurzweilig und gespickt mit sehr interessanten Abschnitten wie dem Hindenburgdamm oder der Hochbrücke über den Nord-Ostsee-Kanal.

Die Marschbahn genannte Hauptstrecke von Hamburg-Altona über Elmshorn nach Sylt bietet den Reisenden zwei besondere Attraktionen: die Überquerung des Nord-Ostsee-Kanals auf einer landschaftsprägenden Hochbrücke und die Fahrt über den Hindenburgdamm zwischen Klanxbüll und Morsum. Der Damm verbindet die ostfriesische Insel Sylt seit 1927 mit dem Festland. Er ist nach dem damaligen Reichspräsidenten Paul Ludwig Hans Anton von Beneckendorff und von Hindenburg benannt und führt mitten durch den Nationalpark Schleswig-Holsteinisches Wattenmeer. Charakteristisch für das Wattenmeer ist der Gezeitenwechsel. So kann die Rückfahrt über den Damm einige Stunden nach der Hinfahrt einen völlig anderen Eindruck hinterlassen.

Abenteuer: im Zug über den Damm

Der Wechsel zwischen Hoch- und Niedrigwasser dauert rund sechs Stunden. Das Betreten des Hindenburgdamms für Fußgänger ist nicht erlaubt und wird auch ständig überwacht. Nach Paul von Hindenburg geht es dann in der Geschichte noch weiter zurück zu Kaiser Wilhelm II., der 1895 den damaligen Kaiser-Wilhelm-Kanal eröffnete. Seit 1948 trägt der Kanal den Namen Nord-Ostsee-Kanal und ist heute die meistbefahrene künstli-

◀ Ein Fenster zum Öffnen: Oliver, Dennis, Moritz und Nick-Lennart sind fündig geworden.

▶ Urige Friesenhäuser mit Reetdach gibt es noch einige auf Sylt, hier bei Keitum.

Sehenswertes

1. Industriemuseum Elmshorn

Im Industriemuseum Elmshorn wird die Geschichte Elmshorns lebendig. Auf vier Etagen präsentiert das Museum im historischen Speichergebäude die Entwicklung von Industrie, Technik, Arbeit und Alltag in Schleswig-Holstein und Elmshorn. www.industriemuseum-elmshorn.de

2. Palais für aktuelle Kunst, Glückstadt

Das Palais für aktuelle Kunst präsentiert in wechselnden Ausstellungen spannende Tendenzen der nationalen und internationalen Gegenwartskunst. www.pak-glueckstadt.de

3. Holländerwindmühle »Edda«

Die 1842 gebaute historische Mühle ist das Wahrzeichen von St. Michaelisdonn. Die Mühle und der dazu gehörige Hof stehen im Ortsteil Hopen am Geestrand und sind am besten ist zu Fuß erreichbar. www.st-michaelisdonn.de

4. Grachtenfahrt in Friedrichstadt

Friedrichstadt lässt sich am besten vom Wasser aus erkunden. Die holländischen Grachten, die sich malerisch durch die Stadt schlängeln, können bei einer Grachtenfahrt betrachtet werden. www.friedrichstadt.de

5. Hafen Husum

Die malerische Kulisse lädt zum Flanieren und Bummeln ein. Der Husumer Hafen eignet sich außerdem hervorragend, um das Gezeitenspiel zwischen Ebbe und Flut hautnah mitzuerleben. www.husum-tourismus.de

che Schifffahrtsstraße der Welt. Rund 40 000 Hochseeschiffe nutzen ihn jährlich und ersparen sich dadurch die Umfahrung Dänemarks.

Hoch über dem Nord-Ostsee-Kanal

Weite Teile der Strecke verlaufen durch das Marschland, das für nordwestdeutsche Küsten typische Schwemmland. Der Boden ist sehr fruchtbar, muss aber künstlich entwässert werden, weil er ansonsten versumpfen würde. Unsere Strecke beginnt eigentlich erst in Elmshorn und trägt den offiziellen Namen »Marschbahn«. Die meisten Züge verkehren jedoch direkt von Hamburg aus bis nach Sylt. Die Strecke zwischen Hamburg-Altona und Elmshorn wird elektrisch betrieben und bietet keine besonderen Ausblicke. Wenige Minuten nach der Ausfahrt aus dem Kopfbahnhof Hamburg-Altona passieren die Züge das große ICE-Bahnbetriebswerk Hamburg-Eidelstadt. Bis Pinneberg werden die Marschbahnzüge von den Zügen der Hamburger S-Bahn begleitet. Von Elmshorn führt die Strecke zunächst nach Glückstadt an der Unterelbe. Die Stadt wurde von Christian IV., König von Dänemark und Herzog von Schleswig und Holstein, 1617 als strategischer Gegenpol zu Hamburg gegründet. Weiter führt die Strecke wieder in Richtung Norden und bei Bahnkilometer 64 (von Hamburg-Altona gemessen) wird Itzehoe erreicht. In Fahrtrichtung rechts ist die Laurentii-Kirche von 1718 zu sehen. Sie steht an der Stelle einer alten gotischen Kirche, die im schwedisch-polnischen Krieg zerstört wurde. Nach dem nächsten Bahnhof Wilster beginnt bereits die Rampe zur Auffahrt auf die 56 Meter hohe Brücke über den Nord-Ostsee-Kanal. Die Hochbrücke ist zwei Kilometer lang und bietet beiderseits der Strecke einen imposanten Blick über die Marsch und den Schiffsverkehr.

▼ Der Leuchtturm von Hörnum, ganz im Süden von Sylt

▶ Der Hindenburgdamm wurde 1927 eröffnet und verbindet Sylt mit dem Festland.

Ursprünglich führte die Marschbahn von Wilser über Brunsbüttel und eine Drehbrücke über den Nord-Ostsee-Kanal.

Durch Marschland und Geest

Diese Streckenführung wurde jedoch für den Personenverkehr mit der Eröffnung der Hochbrücke 1920 aufgegeben. In St. Michaelisdonn treffen die beiden Strecken wieder aufeinander. Dort zweigt auch die Stichbahn nach Marne ab, die nur mit Fahrraddraisinen befahren werden kann. Das ist ein besonderes Vergnügen. Meldorf, einer der nächsten Orte mit Bahnhof, ist bekannt für seinen »Dom«. Die St.-Johannis-Kirche wurde im 13. Jahrhundert erbaut und gilt als eines der bedeutendsten mittelalterlichen Kirchenbauwerke der Region. Ein echter Dom ist sie natürlich nicht. Sie war nie Bischofssitz. Aber die Größe verschaffte ihr den Namen. Mittlerweile führen die Gleise durch die Dithmarschen. Die Landschaft ist nun weiter durch das flache Marschland geprägt, aber auch die höhergelegenen Ausläufer der Geest. Die Geestflächen werden im Gegensatz zur Marsch nicht im Ackerbau genutzt. Dort findet hauptsächlich Weidehaltung statt. In der Ferne erkennt man nun die Raffinerieanlagen von Hemmingstedt. Ursprünglich gab es dort ein Ölfeld, das inzwischen jedoch versiegt ist. In den Anlagen wird seither Importöl sowie Öl von der Mitelplate, einem deutschen Ölfeld im Wattenmeer, verarbeitet. Nun folgt

Meldorf, einer der nächsten Orte mit Bahnhof, ist bekannt für seinen »Dom«.

der große Knotenbahnhof Heide. Dort besteht Anschluss per Bahn nach Büsum und von dort weiter mit dem Schiff nach Helgoland, Deutschlands einziger Hochseeinsel. In

die andere Himmelsrichtung, nach Osten, führt eine Verbindungsbahn Richtung Neumünster. Unsere Fahrt führt weiter nach Norden. Kurz vor dem Bahnhof von Friedrichsstadt erfolgt der nächste Höhepunkt der Fahrt mit der Marschbahn: Die St.-Annen-Eiderbrücke. Dort ist die Strecke auch nur eingleisig, was immer wieder zu Wartezeiten führt.

Landessprachen Friesisch und Dänisch

Die Eiderbrücke ist eine Drehbrücke. Der Ort Friedrichstadt wurde nach dem Vorbild von Glückstadt geplant und verdankt seinen Namen dem Stadtgründer Friedrich III., Herzog von Schleswig-Holstein-Gottorf. Kurz vor Husum zweigt in Fahrtrichtung links die Bahnlinie nach Bad St. Peter-Ording, einem überregional bekannten Badeort, ab. Die Züge ab Heide und der Strand sind in der Sommersaison jedoch hoffnungslos überfüllt. Dazu kommt die Zuverlässigkeit der DB

▲ Auch Güterzüge verkehren regelmäßig auf den Gleisen auf der Marschbahn.

▶ Die Marschbahn beginnt in Hamburg. Eine Hafenrundfahrt lohnt sich immer!

Regio, die auf dieser Stichbahn für die Nahverkehrszüge verantwortlich ist. Oft gibt es Zugausfälle. Nun erreichen wir Husum, die Vaterstadt von Theodor Storm, der die Stadt »die graue Stadt am Meer« nannte. Bahnreisende sind nicht gut auf Husum zu sprechen. Immer wieder macht die Klappbrücke massiven Ärger, sodass die Strecke teilweise über Stunden dort unterbrochen ist. Eine Umleitungsstrecke gibt es nicht, nicht einmal ein Ausstieg ist bei Zügen von Sylt aus möglich, weil der Bahnhof nach der Hubbrücke liegt. Husums Geschichte ist ebenfalls eng mit dem Königreich Dänemark verbunden. Neben Dänisch ist auch Friesisch eine der Landessprachen. Dies ist auch an den

Bahnhofsschildern abzulesen, etwa in Niebüll, wo auch der friesische Name »Naibel« angeschrieben ist. Dieser nächste große Bahnhof ist schnell erreicht. Dort beginnen die Autoreisezüge auf die Insel Sylt, die keine Autozufahrt besitzt. So müssen auch hartgesottene Bahnfeinde ihr Auto auf den Zug fahren, um in Westerland auf Sylt mit Parkgebühren abgezockt zu werden. Besser wäre es, bereits in Husum zu parken und mit dem Zug auf die Insel zu fahren. Das spart bei einem Auto mit vier Personen rund 100 Euro. Für den Auto-Transport nach Sylt gibt es neben DB Autozug einen Konkurrenten, die RDC Autozug Sylt. Die Fahrt mit den blauen Zügen ist im Regelfall etwas günstiger als mit den roten Zügen. Die Strecke zwischen Niebüll und Sylt ist sehr gut ausgelastet. Die hohe Auslastung führt aber immer wieder zu Betriebsstörungen, weil die Signalisierung der Bahnstrecke immer größtenteils mit Technik aus den 1930er-Jahren erfolgt. Aus Protest haben die Insel-Pendler eine Alternative zur Bahnfahrt gesucht. Eine ironische Lösung ist das Sylt-Katapult. Ein sehenswerter Film findet sich hierzu auf Youtube.com. In Niebüll zweigen zwei Bahnstrecken ab. Die Bahnlinie nach Dagebüll-Mole wird von einer

> *Theodor Storm nannte seine Vaterstadt Husum »die graue Stadt am Meer«.*

Privatbahn betrieben. Sie hat ein Alleinstellungsmerkmal. Von den IC-Zügen werden dort Kurswagen abgehängt und fahren mit den Regionalzügen weiter bis Dagebüll-Mole. Kurswagen waren früher in ganz Deutschland völlig normal. Mit dem Aufkommen des ICE ist diese komfortable Art zu reisen allerdings Stück für Stück eingestellt worden. Eine Alternative im Triebwagenverkehr ist das Flügeln und Verstärken von Zugläufen, wie es auch beim ICE zum Beispiel in Hamm erfolgt. Im Regionalverkehr gibt es diese Betriebsabwicklung auch vielerorts. Wer mit der NEG nach Dagebüll-Mole fährt, hat dort Anschluss mit Schiffen zu den Inseln Amrum und Föhr. Eine weitere Strecke führt ab Niebüll über Tondern nach Dänemark und war ab 1980 bis 2003 außer Betrieb. Durch die Kooglandschaft führt die Marschbahn weiter zum Hindenburgdamm. Als Koog wird das durch Deichbau und Entwässerung dem Meer abgetrotzte Land bezeichnet. Nach der Fahrt durch das Wattenmeer und die blühenden Heideflächen Sylts erreicht der Zug nach den

Als Koog wird durch Deiche und Entwässerung dem Meer abgetrotztes Land bezeichnet.

▼ Die Strecke der Marschbahn-Draisine beginnt im Bahnhof St. Michaelisdonn.

◀ Über den Nord-Ostsee-Kanal musste eine große Stahlbrücke gebaut werden.

▶ Noch ein Tipp aus Hamburg: das Gewürzmuseum in der Speicherstadt

Stationen Morsum und Keitum den Zielbahnhof Westerland auf Sylt. Auf der linken Seite ist wieder eine Kirche als Landmarke zu entdecken: die Stadtkirche St. Nikolai aus dem Jahr 1908. Früher gab es auf Sylt auch noch eine schmalspurige Inselbahn. An diese erinnert ein kleines Denkmal am Bahnhofsvorplatz. Sie wurde mit ganz besonderen Triebwagen betrieben, die aus Straßenfahrzeugen entstanden.

Kleine Geschichte der Bahn

Die heutige Marschbahn wurde durch die Glückstadt-Elmshorner Eisenbahn-Gesellschaft initiiert. 1857 konnte die Fortsetzung der Marschbahn nach Itzehoe feierlich in Betrieb genommen werden. 1878 wurde Heide erreicht. Von 1878 bis 1887 führte die Verbindung nach Norden über Karolinenkoog, per Fähre nach Tönning und mit der Bahn nach Husum. Beim Bau des 1895 eröffneten Kaiser-Wilhelm-Kanals (heute Nord-Ostsee-Kanal) wurde die Strecke mit einer Drehbrücke über den neuen Kanal geführt. Durch die Grenzziehung 1920 zwischen Niebüll und Tondern ließ der Verkehr nach Sylt nach. Der Weg dorthin mit zweimaliger Querung der deutsch-dänischen Grenze war umständlich geworden, obwohl die dänischen Behörden plombierte Transitzüge zuließen. Damit konnte auf eine Zollkontrolle der Reisenden verzichten werden. Nach der Einweihung des

Hindenburgdammes im Jahr 1927 verkehrten die Transitzüge nicht mehr. Die eingleisige Strecke Niebüll – Tondern wurde zur Nebenbahn herabgestuft.

Sehenswertes entlang der Strecke

Marschbahn-Draisine Mit der Fahrraddraisine kann man auf der zehn Kilometer langen Strecke zwischen Marne und St. Michaelisdonn von Mai bis Oktober vorbei an den typischen Marschenweiden der Westküste fahren. Das vierrädrige Eisenbahnfahrzeug mit fahrradähnlichem Tretantrieb bietet Platz für vier Personen. Bei Wind treten die »Stecksegel« der Fahrraddraisinen in Aktion. Werden sie in Windrichtung eingesetzt, wird die Fahrt dank des frischen Seewindes zu einem Erlebnis ohne Kraftanstrengung. In den Waggoncafés an den Draisinenbahnhöfen erhalten die Gäste warme und kalte Getränke, einen kleinen Imbiss und Eis. Info: Tel. 04851 – 95 76 86, www.marschenbahn-draisine.de

Barfuß durch den Schlick Sylt liegt mitten im Nationalpark Schleswig-Holsteinisches Wattenmeer. Mit einer Fläche von knapp 4500 km² handelt es sich hierbei um den größten Nationalpark Deutschlands. Er zählt seit 2009 zum UNESCO-Weltnaturerbe. In dieser einzigartigen Umgebung leben zahlreiche Tierarten wie Miesmuscheln, Strandkrabben oder Nordseegarnelen. Im Frühling und Herbst landen hier Millionen von Zugvögeln. Auf Sandbänken leben Seehunde und Kegelrobben und mit etwas Glück sichtet man auch einen Schweinswal. Wer das Watt

▼ Zu jeder Jahreszeit schön: der Strand in Westerland

▶ Noch gibt es den Kopfbahnhof Hamburg-Altona. Er soll einem Neubau weichen.

nicht kennt, sollte während seines Urlaubs auf Sylt eine geführte Wattwanderung unternehmen oder den Wechsel den Gezeiten bei einem Spaziergang am Strand erleben.
Info: Tel. 04651 – 99 80, www.insel-sylt.de

STRECKENVERLAUF

Hamburg-Altona – Elmshorn – Glückstadt – Itzehoe – Burg – St. Michaelisdonn – Heide – Friedrichstadt – Husum – Bredstedt – Niebüll – Klanxbüll – Morsum – Keitum – Westerland

TIPPS & INFOS

MITFAHREN Neben den stündlichen RE 6 zwischen Hamburg-Altona und Westerland verkehren mehrere IC-Züge auf der Strecke. Ergänzt werden die Züge durch Regionalbahnen auf Teilstrecken.
TICKETS Wer mit dem Zug auf der Marschbahn unterwegs ist, kann sich am gesamten Fahrkartenangebot der Deutschen Bahn AG bedienen. Unter www.bahn.de, im Reisezentrum oder am Automaten sind Fahrscheine erhältlich. Mit Nahverkehrszügen und dem Schleswig-Holstein-Tarif ist man günstig in den Nahverkehrszügen unterwegs. Einzelkarten sind gültig für eine Fahrt zum Zielort. Tageskarten gelten einen Tag lang für beliebig viele Fahrten auf der gewählten Strecke für eine Person. Die Kleingruppenkarte gilt einen Tag lang für beliebig viele Fahrten auf der gewählten Strecke, montags bis freitags ab 9 Uhr, am Wochenende und an Feiertagen ganztägig für bis zu fünf Personen.

ANREISE Hamburg-Altona ist als Ausgangsbahnhof bestens vernetzt. Mehrere Hotels direkt am Kopfbahnhof mit Bahnblick eignen sich für bahnbegeisterte Zugfahrer. Von Richtung Kiel und Rendsburg kann man auch in Elmshorn auf die Marschbahn umsteigen.

AUF EINEN BLICK

Eröffnung 1887 bis Niebüll, 1927 bis Westerland
Fahrzeit 170 Minuten im Regionalexpress
Streckenlänge 237 Kilometer
Höchstgeschwindigkeit 140 km/h
Spurweite 1435 Millimeter
Zug Bombardier Married-Pairs sind einstöckige Reisezugwagen mit moderner Diesellok, klassische IC-Züge mit Diesellok und Dieseltriebwagen der Baureihe 648 von unterschiedlichen Bahngesellschaften.

30 Auf der Vogelfluglinie

Unterwegs zwischen Fehmarn und der Hansestadt Lübeck

Von Puttgarden und Burg auf Fehmarn kann man mit dem Zug sprichwörtlich zügig über die Fehmarnsundbrücke nach Lübeck und Hamburg fahren. Die Nahverkehrszüge mit klimatisierten Nahverkehrstriebwagen verkehren auf dieser Verbindung im Zwei-Stunden-Takt.

Die Bahnstrecke von Hamburg nach Kopenhagen folgt der Flugroute der Zugvögel aus Skandinavien, die in den Süden fliegen. Deshalb ist diese Strecke auch als Vogelfluglinie bekannt. Sie war die letzte Strecke in Deutschland, die noch über einen aktiven Eisenbahnfährhafen für Personenzüge verfügte. Ob Lok-Wagenzug, der dänische IC-4 (»Gumminase«) oder der deutsche (Diesel-)ICE: Alle fuhren in Puttgarden auf die Fähre, um in Rodby in Dänemark wieder feste Gleise unter den Rädern zu bekommen. Leider ist dieser Verkehr seit 2019 eingestellt. Die Fernverkehrszüge von Hamburg werden über die feste Brückenverbindung nach Kopenhagen umgeleitet. Für die Vogelfluglinie ist ein Tunnel unter dem Meeresarm hindurch geplant, der ab 2022 in Bau gehen soll. Bis zur Fertigstellung verkehren daher nur hauptsächlich Regionalzüge zwischen Puttgarden und Hamburg. Ergänzt werden diese durch einen Pendel-IC zwischen Fehmarn und Hamburg.

Die drittgrößte deutsche Ostseeinsel

Und wenn wir schon in Puttgarden sind, beginnen wir auch hier unsere Reise über die Vogelfluglinie. Der Bahnhof Puttgarden verfügt über viele Gleise. Bis auf drei sind jedoch alle stillgelegt. Auf den Gleisen wachsen Gras und Bäume, was zu einem sehr ungepflegten Erscheinungsbild beiträgt. Auch das Empfangsgebäude ist in einem sanierungsbedürftigen Zustand. Vom Fähranleger verkehren die Regionalzüge auf der Insel Fehmarn zunächst nach Fehmarn-Burg,

◀ In Burg auf Fehmarn setzt gerade eine Diesellok an den InterCity-Zug an.

▶ Der Leuchtturm bei Westermarkelsdorf auf Fehmarn wurde 1881 errichtet.

Sehenswertes

1. Malerblick, Bad Oldesloe

Am Malerblick in Bad Oldesloe fließen die drei Flüsse der Stadt, die Beste, der Travestadtarm und die Trave zusammen und ergeben umringt von großen Bäumen und Brücken ein traumhaftes Bild. www.badoldesloe.de

2. Timmendorfer Strand

Der wohl berühmteste Strand Deutschlands bietet feinsandigen Strand und kristallklares Ostseewasser. Doch es gibt noch mehr Sehenswertes zu entdecken. Die Trinkkurhalle gehört seit 1989 zu den denkmalgeschützten Gebäuden in Timmendorfer Strand. Wegen seiner gläsernen, runden Bauweise ist das Bauwerk im Ort unter dem Namen »Rotunde« bekannt und bietet viel Platz für außergewöhnliche Kunst und Kultur. www.timmendorfer-strand.de

3. Pulverturm, Oldenburg

Der Pulverturm am Schloßwall ist das einzige noch erhaltene Bauwerk der Oldenburger Stadtbefestigung und steht seit 1966 unter Denkmalschutz. Im 18. und 19. Jahrhundert diente er als Pulvermagazin, woher sein Name herrührt. Heute wird der Pulverturm genutzt, um zeitgenössische Kunst auszustellen. www.oldenburg.de

4. Puttgarden, Fehmarn

Puttgarden liegt im Norden Fehmarns, keinen Kilometer von der Küste und nur wenige Kilometer von Burg auf Fehmarn entfernt. Bekannt ist der Stadtteil vor allem für seine Vogelfluglinie, auf welcher die Kraniche zwischen Europa und Skandinavien auch über Puttgarden fliegen. www.fehmarn-travel.de

erst vor wenigen Jahren wiedereröffnet. Der Bahnhof liegt östlich der Vogelfluglinie, weshalb er mittels eines Gleisdreiecks angebunden wurde. Fehmarn ist die drittgrößte deutsche Ostseeinsel. Touristisch haben ihr inzwischen allerdings Rügen und Usedom den Rang abgelaufen.

Hecken zum Schutz vor dem Wind

Zwischen Fehmarn und dem Festland liegt der Fehmarnsund, der bis in die 1950er-Jahre auch noch mit einer Eisenbahnfähre von Großenbrode-Kai aus überquert werden musste. Seit 1963 fahren die Züge 23 Meter über dem Meer über die 963 Meter lange Fehmarnsundbrücke. Von der kombinierten Straßen-/Eisenbahnbrücke hat man allerbeste Aussichten. Aktuell gibt es noch ein IC-Zugpaar, das Burg auf Fehmarn erreicht. Mit etwas Glück besitzt dieser Zug noch einen Steuerwagen (der letzte oder erste Waggon am Zug – je nach Stand der Lokomotive), bei dem man die Fenster öffnen kann. Eine Fahrt mit offenem Fenster über die Fehmarnsundbrücke ist durch nichts zu ersetzen! Die Brücke trägt den Spitznamen »Größter Kleiderbügel der Welt«. Nach Überquerung des Meers erreicht man die Halbinsel Wagrien. Bekannt ist diese durch einen slawischen Volksstamm aus dem Mittelalter. Die Region ist außerdem als Grafenecke bekannt, weil auch links und rechts der Bahn zahlreiche prächtige Gutshäuser zu sehen sind. Ganz typisch sind beim Blick durchs Zugfenster außerdem die »Knicks«. Das sind Baum- und Strauchhecken, die als Windschutz dienen. Diese Feldbegrenzungen wurden in der Vergangenheit auch zur Brennholzgewinnung herangezogen. Der erste Halt auf dem Festland nach der Station Großenbrode ist Oldenburg (Holstein). Bis zum Anfang des 17. Jahrhunderts war Oldenburg eine Hafenstadt. Der Hafen versandete

▼ Moderne LINT-Triebwagen sorgen für einen hohen Fahrtgenuss in Schleswig-Holstein.

▶ Die Fehmarnsundbrücke wird von Eisenbahn- und Autoverkehr genutzt.

jedoch und wurde aufgegeben. Damit verlor die Stadt diese Funktion. Die nächsten Bahnhöfe sind Lensahn und Neustadt in Holstein.

Lübeck, die Stadt der sieben Türme

Kurz vor Neustadt sieht man in Fahrtrichtung links die Basilika von Altenkrempe. Um den mächtigen Bau, der 1197 erstmals erwähnt wurde, sollte eigentlich eine Hafenstadt gebaut werden. Diese Pläne wurden jedoch nie verwirklicht. Die Kirche steht deshalb etwas deplatziert in der Landschaft. Entlang der Lübecker Bucht passiert die Strecke nachfolgend mehrere Seebäder: Sierksdorf, Haffkrug, Scharbeutz und Timmendorfer Strand, die jedes Jahr zahlreiche Touristen anlocken. Ihr Anschluss an das Eisenbahnnetz in der Zukunft ist allerdings sehr unsicher, weil die Neubaustrecke der Vogelfluglinie mit dem Tunnel diese Orte nicht mehr direkt tangiert. Vor Ort macht man sich für eine Omnibuslösung stark. In anderen Regionen hat sich gezeigt, dass der Omnibus gerade im Tourismus keine Alternative zur Eisenbahn darstellt.

Östlich der Holsteinischen Schweiz folgt nun eine Hochburg aller Schleckermäuler: Bad Schwartau und Lübeck sind für Müsliriegel, Marmelade und Marzipan bekannt. Kurz vor dem Bahnhof Lübeck liegt auf der rechten Seite die Kirche St. Lorenz. Als im 16.Jahrhundert die Pest in Lübeck wütete, wurde beschlossen, außerhalb der Stadtmauern einen Kirchhof als Armenfriedhof zu errichten und

> Östlich der Holsteinischen Schweiz folgt nun eine Hochburg aller Schleckermäuler.

St. Lorenz wurde gegründet. Die damalige alte Kapelle musste jedoch einem Kirchenneubau Ende des 19.Jahrhunderts weichen. Lübeck selbst gilt als Stadt der sieben Türme. Einige der Türme der Altstadt, die seit 1987

▲ Inzwischen Geschichte: die ICE-Verladung auf eine Fähre nach Dänemark

▶ Die »Passat« wird seit 1960 als stationäres Museumsschiff, Jugendherberge und Veranstaltungsort genutzt.

zum Weltkulturerbe der UNESCO zählen, sind von der Eisenbahn aus zu sehen. Lübeck ist ein großer Eisenbahnknotenbahnhof. Die Anschlussstrecken führen von dort in die Landeshauptstadt Kiel, nach Lübeck-Travemünde mit seinem Strandbad und natürlich direkt seit ein paar Jahren sogar mit elektrischen Zügen nach Hamburg. Seit der Wiedervereinigung ist auch wieder die Verbindung nach Bad Kleinen und Wismar in Betrieb. Bis Hamburg sind es übrigens nur noch 63 Kilometer und 45 Minuten Zugfahrt in modernen Doppelstockwagen.

Kleine Geschichte der Bahn

Das erste Teilstück der Bahnlinie von Lübeck auf die Insel Fehmarn wurde bereits 1881 eröffnet. Dabei handelt es sich um die 23 Kilometer lange Bahnlinie von Neustadt nach Oldenburg. 1898 wurde die Strecke in Richtung Lütjenbrode und Heiligenhafen erweitert. Eine direkte Verbindung von Lübeck nach Neustadt fehlte jahrzehntelang. Neustadt war nur mit Umstieg in Eutin (ehemalige Bahnstrecke Eutin – Neustadt) mit Lübeck verbunden. Erst 1928 wurde die Direktverbindung Lübeck – Neustadt von der Deutschen Reichsbahn hergestellt. 1940 lagen die ersten baureifen Pläne für die Vogelfluglinie mit der Fährverbindung vor. Die Bauarbeiten begannen noch während des Krieges, wurden jedoch 1943 unterbrochen. Erst 1949 wurden sie wieder aufgenommen und1963 mit der Eröffnung der Fehmarnsundbrücke abgeschlossen. 1997 gab man die Trajektierung von Güterzügen auf. 2010 konnte der Bahnhof Burg auf Fehmarn der einstigen Inselbahn wieder eröffnet werden. Burg ist seit dem Ende des Eisenbahnfährverkehrs zwischen Puttgarden und Rodby der wichtigste Bahnhof der Insel.

Sehenswertes entlang der Strecke

Die Badewanne von Lübeck Nicht direkt in Lübeck gelegen, nutzen die meisten Lübeck-Besucher ihre Zeit in der Hansestadt doch meist für einen Ausflug zu ihrer »schönsten Tochter« Travemünde. Nur knapp zehn Kilometer und wenige Fahrminuten mit der Bahn trennen die Innenstadt Lübecks von der Badewanne der Stadt. Nicht nur zur Travemünder Woche zieht es Urlauber an die Ostseeküste. Am Hafen und entlang der Strandpromenade locken Souvenirshops, Restaurants und edle Boutiquen. Etwas weiter Richtung Hafen fällt der Blick dann unweigerlich auf die beeindruckende Viermastbark Passat, das Schwesterschiff der Pamir, die 1957 in einen Hurrikan geriet und sank.

Maritime Wegweiser: die Leuchttürme Fehmarn hat durch seine Größe gleich fünf Leuchttürme zu bieten, denen man bei einem Fehmarn-Urlaub einen Besuch abstatten sollte. Der älteste Leuchtturm ist der 1872 erbaute Strukkamphuk. Er ist nur für Fußgänger von der Fehmarnsundbrücke oder dem Campingplatz zugänglich und spielt trotz seiner geringen Größe eine wichtige Rolle für die Schifffahrt. Gemeinsam mit dem Leuchtturm Flügge leitet er die Schiffe sicher durch den Fehmarnsund. Im Gegensatz zum Strukkamp kann der Leuchtturm Flügge auch von innen besichtigt werden. Er wurde um 1915 erbaut und ist heute der höchste Leuchtturm Fehmarns. Er befindet sich westlich der Fehmarnsundbrücke und ist der einzige In-

sel-Turm, der bestiegen werden kann. Von hier aus haben Besucher eine tolle Aussicht. Sogar der Blick bis auf das Festland ist möglich. Im Nordosten der Insel ist der Leuchtturm Marienleuchte für die Orientierung der Schiffe verantwortlich. Der rot-weiße Turm wurde 1964 erbaut und leuchtet sein Feuer auf den Fehmarnbelt hinaus. Wie die Marienleuchte schickt auch der Leuchtturm Westermarkelsdorf im gleichnamigen Ort sein Licht auf den Fehmarnbelt hinaus. Ein ganz besonderes Aussehen hat der Leuchtturm Staberhuk vorzuweisen. Das 1903 errichtete Bauwerk sollte keine Laterne, sondern die gusseiserne Konstruktion des ehemaligen Helgoländer Leuchtturms tragen, sodass hier ein relativ stämmiger Turm entstanden ist.

Im Laufe der Zeit versank das Holstentor einige Zentimeter im moorartigen Boden.

Das Tor zur Stadt Denkt man an Lübeck, kommt einem unweigerlich das Wahrzeichen der Stadt, das Holstentor, in den Sinn. Leicht schief ragen die beiden kegelförmigen Türme des ehemaligen Wehrbaus in den Himmel und markieren gleichzeitig den Beginn der Lübecker Altstadt. Zugleich ist das ebenfalls zum Welterbe gehörende Bauwerk ein eindrucksvolles Beispiel spätmittelalterlicher Backsteingotik. Im Laufe der Zeit versank das Holstentor einige Zentimeter im moorartigen Boden. Eine Restaurierung im Jahr 1934 konnte diese Bewegung jedoch glücklicherweise stoppen. An dieser Lübecker Sehenswürdigkeit kommt niemand vorbei. Es liegt

▼ Blick aus dem letzten Waggon auf den IC von Burg nach Süddeutschland

▶ Genial: die Überfahrt über das Fehmarnsund-Viadukt am offenen Fenster

auf direktem Weg vom Lübecker Hauptbahnhof zur Altstadtinsel. Im Winter fügt sich das beleuchtete Holstentor perfekt in die winterliche Kulisse der festlich geschmückten Altstadt ein.

STRECKENVERLAUF

Hamburg Hbf – Bad Oldesloe – Lübeck – Bad Schwartau – Timmendorfer Strand – Scharbeutz – Haffkrug – Sierksdorf –Neustadt (Holstein) – Oldenburg – Großenbrode – Fehmarn-Burg – Puttgarden

TIPPS & INFOS

MITFAHREN Zwischen Lübeck und Neustadt (Holstein) gibt es einen festen Stundentakt. Zwischen Neustadt und der Insel Fehmarn verkehren die Züge nur im Zwei-Stunden-Takt. Eine Hiobsbotschaft hatte die Deutsche Bahn im Winter 20/21: Angekündigt wurde die Streichung der saisonalen Fernverkehrsverbindung Köln-Fehmarn. Als Ersatz wurden Shuttle-IC-Verbindungen zwischen Burg und Fehmarn eingerichtet. In Burg werden die Ankünfte der IC-Züge um 8.54 und 14.40 Uhr aus Hamburg sein, die Abfahrten wiederum um 9.11 und 15:08 Uhr in die Hansestadt zurück.

TICKETS Wer mit dem Zug auf der Vogelfluglinie unterwegs ist kann sich am gesamten Fahrkartenangebot der Deutschen Bahn AG bedienen. Unter www.bahn.de, im Reisezentrum oder am Automaten sind Fahrscheine erhältlich. Mit Nahverkehrszügen und dem Schleswig-Holstein-Tarif ist man günstig in den Nahverkehrszügen unterwegs. Einzelkarten sind gültig für eine Fahrt zum Zielort. Tageskarten gelten einen Tag lang für beliebig viele Fahrten auf der gewählten Strecke für eine Person. Die Kleingruppenkarte gilt einen Tag für beliebig viele Fahrten auf der gewählten Strecke, montags bis freitags ab 9 Uhr, am Wochenende und an Feiertagen ganztägig. Für bis zu fünf Personen.

ANREISE Lübeck und Hamburg sind bestens vernetzt. Beide Städte der Vogelfluglinie sind von allen anderen Städten mindestens im Stundentakt erreichbar.

AUF EINEN BLICK

Eröffnung Ab 1881 bis 1928, bis Fehmarn ab 1963
Fahrzeit 100 Minuten
Streckenlänge 89 Kilometer
Höchstgeschwindigkeit 160 km/h, Regionalzüge 140 km/h
Spurweite 1435 Millimeter
Zug Regionaldieseltriebwagen der Baureihe 648 oder IC mit Diesellok der Baureihe 218

Die Hansestadt Lübeck wurde 1143 gegründet.

OTTO STÖBEN
IMMOBILIEN
HAUSVERWALTUNG

Register

Bildnachweis

Alle Fotos stammen vom Autor, außer:

Shutterstock 10 (Jochen Netzker), 13 (Oakland images), 16 (Sergey Dzyuba), 19 (Leonid Andronov), 20 (Preisler), 24 (Sabine Klein), 27 (trabantos), 30, 41, 68, 70 (Sina Ettmer Photography),35 (leoks), 39o. (ilolab), 48 (Andrew Mayyovsky), 49 (Artenex), 55 (seka 33), 57 (Tanwa Kankang), 58 (Kolf), 73 (TheSyndicate94), 81 (Oleg Senkov), 83 (Daniel Pahmeier), 117 (Oxie99), 120 (knipsdesign), 123 (Harald Lueder), 133o. (Eileen Kumpf), 137 (Oliver Hlavaty Photo),, 143 (mhp), 144 (UweMosch), 148 (Edler von Rabenstein), 153 (Iurii Dzivinskyi), 155 (Boris Stroujko), 162 (Grzegorz_Pakula), 175 (Martin Erdniss), 182 (Video Media Studio Europe), 193 (Andre Helbig), 194 (JoergGrunau), 201 (Bildagentur Zoonar GmbH), 203 (Ralf Geithe), 210 (Bernhard Klar), 215 (Oliver Hoffmann), 220 (Thorsten Schier), 231 (rphstock), 233 (Uwe Aranas);

Look photos 37 (robertharding), 42, 51 (Strauß, Andreas), 45 (Ixmeier, Markus), 47 (age fotostock), 59, 113, 217, 219 (Wohner, Heinz), 65 (Stankiewicz, Thomas), 77, 78 (Jalag / Selbach, Arthur F.), 91 (Jalag / Schmitz, Walter), 100 (Bayerl, Günther), S. 103u., 106 (Daniel Schoenen), 131, 134 (Machalett, Heiner), 167 (Boyny, Michael), 169u. (Haug, Arnt), 172/173, 211 (Merz, Brigitte), 178 (Wrba, Ernst), 187 (Eiben, Hans Georg), 190 (Jalag/Pacini, Isabela), 204 (Derbis, Dave), 212/213 (Fotohof Blomster), 229 (Lubenow, Sabine), 236/237 (Avalon.red2);

dpa Picture Alliance 61 (Thomas Kottal), 96 (Stefan Puchner), 104 (euroluftbild.de/Erich Meyer), 108 (Horst Ossinger), 129 (CHROMORANGE / Beate Türk), 132 (DUMONT Bildarchiv | Ernst Wrba), 11 (Marijan Murat), 177 (Armin Weigel), 184 (imageBROKER | Markus Lange), 186 (BeckerBredel | R3491), 189u. (euroluftbild.de/Hans Blossey), 197 (Jan Woitas), 221 (euroluftbild.de/Martin Elsen);

Mauritius Images 62 (Egon Bömsch / imageBROKER), 67 (Friedel Gierth), 86 (Westend61 / Patrice von Collani), 110 (Hans Blossey), 118 (Novarc Images / Hans P. Szyszka), 127, 128o. (Erhard Hess), 140 (Harald Schön), 146 (Patrick Eichler), 181 (Markus Lange / imageBROKER), 198 (Vadym Lavra / Alamy), 207 (Sabine Lubenow / Alamy).

Impressum

Verantwortlich: Carola Holzer, Maren Langendorff
Redaktion: Mareike Weber
Layout: BUCHFLINK Rüdiger Wagner
Umschlaggestaltung: Leeloo Molnar
Repro: LUDWIG:media
Kartografie: Kartografie Huber, Heike Block
Herstellung: Alexander Knoll
Printed in Slovenia by Florjancic

★★★★★

Sind Sie mit diesem Titel zufrieden? Dann würden wir uns über ihre Weiterempfehlung freuen. Erzählen Sie es im Freundeskreis, berichten Sie Ihrem Buchhändler, oder bewerten Sie bei Onlinekauf.
Und wenn Sie Kritik, Korrekturen, Aktualisierungen haben, freuen wir uns über Ihre Nachricht an Bruckmann Verlag, Postfach 40 02 09, D-80702 München oder per E-Mail an lektorat@verlagshaus.de

Unser komplettes Programm finden Sie unter
www.bruckmann.de

Alle Angaben dieses Werkes wurden von der Redaktion sorgfältig recherchiert und auf den neuesten Stand gebracht sowie vom Verlag geprüft. Für die Richtigkeit der Angaben kann jedoch keine Haftung übernommen werden, weshalb die Nutzung auf eigene Gefahr erfolgt. Sollte dieses Werk Links auf Webseiten Dritter enthalten, so machen wir uns die Inhalte nicht zu eigen und übernehmen für die Inhalte keine Haftung.

In diesem Buch wird aus Gründen der besseren Lesbarkeit das generische Maskulinum verwendet. Weibliche und anderweitige Geschlechteridentitäten werden dabei ausdrücklich mitgemeint, soweit es für die Aussage erforderlich ist.

Empfehlung der Redaktion Sie sind auf der Suche nach weiterführender Literatur? Dann empfehlen wir Ihnen den Titel »Nix wie weg! Europa«

Umschlagvorderseite oben v.l.n.r.: Beim Zugfahren kann man entspannt den Blick schweifen lassen (Adobe Stock / listercz); das Bode Museum auf der Museumsinsel in Berlin;
Umschlagvorderseite unten: Die Bahnstrecke an der Mosel hat eine wunderbare Aussicht;
Umschlagrückseite v.l.o.n.r.u.: Hindenburgdamm bei Sylt; das Hinweisschild zum Inselbahnhof Borkum kann sich sehen lassen; die Altstadt mit der Trave in Lübeck; in der Preßnitztalbahn kann man bei offenen Fenstern den Ausblick genießen; der Nationalpark Sächsische Schweiz ist immer einen Besuch wert.
S. 2/3: Ein SÜWEX-Triebwagen im Rheintal bei Oberwesel auf der Fahrt in Richtung Mainz

Die Deutsche Nationalbibliothek verzeichnet diese Publikation in der Deutschen Nationalbibliografie; detaillierte bibliografische Daten sind im Internet über http://dnb.d-nb.de abrufbar.

ISBN 978-3-7343-2337-9